Dr. Christian Rauda
Dr. Jochen Zenthöfer

25 FÄLLE

Schuldrecht

Klausurorientiert lernen im Gutachtenstil

Im Gegensatz zu anderen Fallbüchern, deren Lösungshinweise im Telegrammstil gehalten sind, präsentiert dieses Buch den Stoff genau so, wie er in Klausuren abgeprüft wird: Ausformuliert, strukturiert und im Gutachtenstil. Viele Fälle sind zudem **an der Humboldt-Universität** zu Berlin erprobt worden.

Das neue Schuldrecht vom Juni 2014 ist eingearbeitet (Änderungen im Widerrufsrecht, bei der Garantie, usw.).

Wir wünschen unseren Leserinnen und Lesern bei allen Klausuren viel Erfolg. Wie stets erbitten wir Kritik und Anregungen an

autoren@rauda-zenthoefer.de

Christian Rauda   *Jochen Zenthöfer*

Dr. Christian Rauda ist Rechtsanwalt in Hamburg und Lehrbeauftragter verschiedener Hochschulen, u.a. der Johannes-Gutenberg-Universität Mainz.

Dr. Jochen Zenthöfer ist Rechtsassessor und ist in Luxemburg tätig.

Ebenfalls von den Autoren verfasst und im selben Verlag erschienen: „25 Fälle zum Sachenrecht – 25 Klausuren mit Lösung im Gutachtenstil", ISBN 978-3-935150-64-4

COPYRIGHT: Richter-Verlag

Hans-Peter Richter
Paul-Schroeder-Straße 18
24229 Dänischenhagen
Tel. 04349-1725
Fax 04349-571
e-mail: RICHTER-VERLAG@t-online.de
www.Richter-Verlag.de

Druck und Verarbeitung: Druckerei Schmidt & Klaunig, Kiel

Weitere Bücher dieser Reihe sind erhältlich über den Buchhandel oder direkt vom Verlag.

3. Auflage 2014

ISBN 978-3-935150-73-6

Inhaltsverzeichnis

– 1. Kapitel: Vertragliche Schuldverhältnisse –

– 2. Kapitel: Gesetzliche Schuldverhältnisse –

1. Kapitel
Fälle zu vertraglichen Schuldverhältnissen

I. Kaufrecht

a) Anspruch auf Nacherfüllung

Anspruch auf Ersatzlieferung oder Mängelbeseitigung, §§ 437 Nr. 1, 439

1. Kaufvertrag
2. Mangel, §§ 434 f., bei Gefahrübergang, §§ 446 S.1, 447
3. kein Verweigerungsrecht wegen unverhältnismäßiger Kosten, § 439 III
4. keine Kenntnis des Käufers (= Gläubigers) vom Mangel, § 442

b) Ansprüche auf Schadensersatz (SE)

I. Schadensersatz <u>statt</u> der Leistung bei anfänglich unbehebbarem Mangel, §§ 437 Nr. 3, 311 a II 1

1. Kaufvertrag
2. Mangel, §§ 434 f., bei Gefahrübergang, §§ 446 S.1, 447
3. Mangel unbehebbar und bei Vertragsschluss vorliegend, § 311 a I
4. Kenntnis oder zu vertretene Unkenntnis vom Mangel, § 311 a II 2
5. dadurch Schaden beim Käufer (= Gläubiger)
6. keine Kenntnis des Käufers vom Mangel, § 442

II. Schadensersatz <u>statt</u> der Leistung bei nachträglich unbehebbarem Mangel, §§ 437 Nr. 3, 283

1. Kaufvertrag
2. Mangel, §§ 434 f., bei Gefahrübergang, §§ 446 S.1, 447
3. Mangel durch Nachbesserung oder Nachlieferung nicht behebbar (§ 275)
4. Vertretenmüssen wird vermutet, §§ 280 I 2 i.V.m. 276
5. dadurch Schaden beim Käufer (= Gläubiger)
6. keine Kenntnis des Käufers vom Mangel, § 442

III. Schadensersatz <u>statt</u> der Leistung bei nachträglich behebbarem Mangel, §§ 437 Nr. 3, 281

1. Kaufvertrag
2. Mangel, §§ 434 f., bei Gefahrübergang, §§ 446 S.1, 447
3. Mangel durch Nachbesserung oder Nachlieferung behebbar

4. Fristsetzung nach § 281 I 1 (entbehrlich bei 281 II und 440 S.1)
5. Vertretenmüssen wird vermutet, §§ 280 I 2 i.V.m. 276
6. dadurch Schaden beim Käufer (= Gläubiger)
7. keine Kenntnis des Käufers vom Mangel, § 442

IV. Schadensersatz <u>neben</u> der Leistung bei Mangelfolgeschaden, §§ 437 Nr. 3, 280 I
1. Kaufvertrag
2. Mangel, §§ 434 f., bei Gefahrübergang, §§ 446 S.1, 447
3. Vertretenmüssen wird vermutet, §§ 280 I 2 i.V.m. 276
4. dadurch Schaden beim Käufer (= Gläubiger)
5. keine Kenntnis des Käufers vom Mangel, § 442

c) Rücktritt und Minderung

I. Rücktritt wegen mangelhafter Kaufsache, §§ 437 Nr. 2, 323 I, 346 I
1. Kaufvertrag
2. Mangel, §§ 434 f., bei Gefahrübergang, §§ 446 S.1, 447
3. Keine unerhebliche Pflichtverletzung, § 323 V 2
4. bei behebbarem Mangel: Fristsetzungserfordernis, das in einigen
   Fällen entbehrlich ist;
   bei unbehebbarem Mangel ist Frist nach § 326 V entbehrlich
5. Rücktrittserklärung, § 349
6. keine Kenntnis des Käufers vom Mangel, § 442
7. kein Ausschluss des Rücktrittsrechts durch § 323 VI

Rechtsfolge: Rückgewähr der empfangenen Leistungen gem. §§ 346 ff.

II. Minderung wegen mangelhafter Kaufsache, §§ 437 Nr. 2, 441 I 1, III I
1. Kaufvertrag
2. Mangel, §§ 434 f., bei Gefahrübergang, §§ 446 S.1, 447
3. bei behebbarem Mangel: Fristsetzungserfordernis, das in einigen
   Fällen entbehrlich ist (§§ 441 I 1, 323 I: „statt zurückzutreten" =
   Voraussetzungen des Rücktritts sind auch bei der Minderung zu
   prüfen); bei unbehebbaren Mangel ist Frist nach § 326 V entbehrlich
4. Minderungserklärung, § 441 I 1
5. keine Kenntnis des Käufers vom Mangel, § 442
6. kein Ausschluss des Minderungsrechts durch § 323 VI analog

Rechtsfolge: Herabsetzung des Kaufpreises, ggf. durch Schätzung; falls
bereits gezahlt wurde: Anspruch auf Rückerstattung nach § 441 IV

Sachverhalt

Gebrauchtwagenhändler V bietet dem Privatmann K einen „Audi" für 7.000 Euro an. Dabei ist K, wie er erklärt, die Unfallfreiheit des Wagens besonders wichtig. Seine Frage, ob es sich um einen unfallfreien „Audi" handelt, beantwortet V ins Blaue hinein mit „Ja". Tatsächlich hat V keine Ahnung, was K nur aufgrund seiner Leichtgläubigkeit nicht erkennt. In Wirklichkeit hatte der Wagen bereits einen schweren Unfall, was man ihm aber nicht ansieht und was V mit bloßen Augen auch nicht hatte erkennen können. K kauft den Wagen. In den von V vorgelegten Allgemeinen Geschäftsbedingungen heißt es:

> „Dem Käufer wurde mitgeteilt, dass es sich um einen Gebrauchtwagen handelt. Deshalb verzichtet der Käufer auf jegliche Gewährleistungsansprüche wegen Sachmängeln."

Wenig später setzt die Bremsfunktion des Wagens aus, und K fährt gegen eine Betonwand. Ursächlich für das Aussetzen der Bremsen sind die Folgen des früheren Unfalls. K muss für 3.000 Euro ärztlich versorgt werden. Der „Audi" erleidet einen Totalschaden. K hätte den Wagen einen Tag später für 8.000 Euro an einen Dritten verkaufen können.

Frage 1: Welche vertraglichen Ansprüche auf Schadensersatz hat K gegen V?

Frage 2: Kann K zurücktreten?

Lösung
Frage 1

I. Anspruch des K gegen V auf Schadensersatz statt der Leistung aus §§ 437 Nr. 3, 311 a II in Höhe von 8.000 Euro

K könnte gegen V einen Anspruch auf Schadensersatz statt der Leistung für den „Audi" sowie den möglichen Verkauf aus §§ 437 Nr. 3, 311 a II in Höhe von 8.000 Euro haben.

1. V und K haben einen **Kaufvertrag** nach § 433 geschlossen.

2. Es müsste ein **Sachmangel** gemäß § 434 I im Zeitpunkt des **Gefahrübergangs** vorgelegen haben (§ 446 S.1). Ein Sachmangel ist die für den Käufer nachteilige Abweichung der Ist-Beschaffenheit von der Soll-Beschaffenheit, § 434 I 1.

a) Problematisch ist, ob die **Unfallfreiheit** eine Beschaffenheit in diesem Sinne ist. Zur **Beschaffenheit gehören alle Eigenschaften, die der Kaufsache unmittelbar physisch anhaften.** Zu diesen Eigenschaften zählen auch Merkmale, die für den Wert der Sache bedeutsam sind. Das Merkmal der Unfallfreiheit steigert den Wert eines Wagens im Vergleich zu einem Unfallwagen. Damit stellt die Unfallfreiheit eine Beschaffenheit im Sinne des § 434 I 1 dar.

b) Im Gespräch zwischen K und V wurde diese Unfallfreiheit **vertraglich** vereinbart.

c) Der „Audi" war bereits **bei Übergabe** ein Unfallwagen. Deshalb lag der Mangel bereits bei Gefahrübergang gemäß § 446 S.1 vor.

3. Die **Voraussetzungen für den Schadensersatz** richten sich nach § 437 Nr. 3. Dabei ist für das Auffinden der einschlägigen Norm (§ 280 oder § 281 oder § 283 oder § 311 a) danach zu differenzieren, ob der Mangel behebbar, nachträglich unbehebbar oder anfänglich unbehebbar ist. Im vorliegen Fall ist die Unfalleigenschaft des Wagens, die von Beginn an bestand, nicht mehr behebbar. Es liegt mithin eine **anfängliche Unbehebbarkeit** gemäß § 311 a I vor.

4. Der Schuldner V müsste gemäß § 311 a II 2 **Kenntnis von dem anfänglichen Mangel gehabt haben oder den Mangel zumindest kennen müssen.**

a) V war die Unfalleigenschaft des „Audi" nicht bekannt. Damit scheidet positive Kenntnis aus.

b) Möglicherweise hat V **seine Unkenntnis zu vertreten** (§ 311 a II 2 Var. 2). V könnte fahrlässig keine Kenntnis vom Mangel gehabt haben. Fahrlässig handelt nach § 276 II, wer die im Verkehr erforderliche Sorgfalt außer Acht lässt. V könnte eine Untersuchungspflicht an dem „Audi" treffen. Allerdings ist ein Verkäufer grundsätzlich **nur dann zur eingehenden Untersuchung der Kaufsache verpflichtet, wenn es Hinweise auf einen Mangel** gibt. Ein solcher Mangel war mit bloßem Auge nicht zu erkennen. Folglich hat V nicht die im Verkehr erforderliche Sorgfalt außer Acht gelassen, fahrlässige Unkenntnis scheidet folglich aus.

4

c) Es könnte sich jedoch eine **strengere Haftung** aus § 276 I 1 Halbsatz 2 ergeben. Dafür müsste V eine **Garantie** (§ 443 I Var. 1) übernommen haben. Eine Garantieübernahme liegt vor, wenn der Verkäufer **ausdrücklich oder stillschweigend erklärt, dass die Kaufsache bei Gefahrübergang eine bestimmte Eigenschaft hat, verbunden mit der Erklärung, verschuldens-unabhängig für alle Folgen ihres Fehlens einstehen zu wollen.** Auf ausdrückliche Frage des K hat V die Unfallfreiheit des „Audi" versichert. Diese Erklärung hat eine herausgehobene Bedeutung für den Wert des Wagens und ist daher als Garantie gemäß § 443 I Var. 1 zu werten. Selbst wenn K leichtgläubig gewesen sein sollte, als er V glaubte, ändert dies nichts. Denn eine Garantieerklärung bindet unabhängig davon, ob sie verlässlich erscheint oder ersichtlich „ins Blaue hinein" abgegeben wird. **Das Risiko der Unrichtigkeit trägt der Erklärende, nicht der Erklärungsempfänger.** Folglich haftet V nach § 276 I 1 Halbsatz 2 für seine Unkenntnis des Mangels.

5. K hat, wegen des Totalschadens, einen **Verlust** in Höhe seiner Kaufsumme für den Wagen (7.000 Euro) erlitten, und ihm ist ein Gewinn nach § 252 in Höhe von 1.000 Euro entgangen. Damit beläuft sich sein Schaden auf 8.000 Euro.

6. Möglicherweise scheidet der Ersatzanspruch jedoch wegen der Vertrags-klausel aus. Danach hat K auf jegliche **Gewährleistungsansprüche verzich-tet.** Diese Klausel könnte jedoch nach § 444 **unwirksam** sein. V hat eine Garantie für die Beschaffenheit des „Audi" übernommen. Folglich kann er sich nicht auf eine Klausel, die die Rechte des Käufers beschränkt, berufen. Die Vertragsklausel beschränkt die Rechte des V. Daher scheidet der Ersatzanspruch wegen § 444 **nicht** aus.

Ergebnis: K hat gegen V einen Anspruch auf Schadensersatz statt der Leistung für den „Audi" sowie auf den entgangenen Gewinn aus §§ 437 Nr. 3, 311 a II in Höhe von 8.000 Euro.

II. Anspruch des K gegen V auf Schadensersatz neben der Leistung für die Behandlungskosten (3.000 Euro) aus §§ 437 Nr. 3, 280 I

K könnte gegen V einen Anspruch auf Schadensersatz neben der Leistung für die Behandlungskosten aus §§ 437 Nr. 3, 280 I in Höhe von 3.000 Euro haben.

1. V und K haben einen **Kaufvertrag** nach § 433 geschlossen.

2. Es lag ein **Sachmangel** gemäß § 434 I im Zeitpunkt des Gefahrübergangs vor (siehe oben).

3. V hat im Falle der Zusicherung einer Beschaffenheit die Pflichtverletzung stets zu vertreten und haftet damit **verschuldensunabhängig** (Garantie nach § 443 I Var. 1) [Palandt, § 276 Rdnr. 29].

4. K müsste einen **Schaden** erlitten haben. Er musste Behandlungskosten in Höhe von 3.000 Euro tragen. Damit liegt ein Schaden vor.

Ergebnis: K hat gegen V einen Anspruch auf Schadensersatz neben der Leistung für die Behandlungskosten aus §§ 437 Nr. 3, 280 I in Höhe von 3.000 Euro.

Frage 2

Rücktritt des K vom Kaufvertrag mit Anspruch auf Rückzahlung des Kaufpreises nach §§ 437 Nr.2, 326 V, 346 I

K könnte vom Kaufvertrag nach §§ 437 Nr.2, 326 V, 346 I zurücktreten und den Kaufpreis zurückverlangen. Dazu müsste ihm ein Rücktrittsrecht zustehen, welches sich aus einem mangelhaft erfüllten Kaufvertrag ergeben könnte.

1. K und V haben einen **Kaufvertrag** gemäß § 433 geschlossen.

2. Es lag ein **Sachmangel** (§ 434 I) **zum Zeitpunkt des Gefahrübergangs** vor (siehe oben).

3. Es bedarf eines **Rücktrittsgrundes**. In Betracht kommt ein Rücktrittsgrund infolge des Ausschlusses der Leistungspflicht (§ 275) nach § 326 V. Aus einem Unfallwagen kann kein unfallfreier Wagen werden. Eine Nachlieferung kommt folglich nicht in Betracht, sie ist gemäß § 275 I unmöglich. Eine Fristsetzung ist folglich gemäß § 326 V entbehrlich. Der Mangel ist weiterhin nicht unerheblich. Damit liegt ein Rücktrittsgrund vor.

4. K müsste den Rücktritt gegenüber V gemäß § 349 **erklären**.

5. Möglicherweise ist der Rücktritt aufgrund der Vertragsklausel **ausgeschlossen**. Im Vertrag hat K auf alle Gewährleistungsrechte und damit auch auf den Rücktritt verzichtet. Jedoch könnte die Klausel nach § 475 I unwirksam sein. Dazu müsste es sich um einen **Verbrauchsgüterkauf** nach § 474 handeln.

a) K, der von V den „Audi", eine bewegliche Sache, erworben hat, müsste **Verbraucher** sein. Gemäß § 13 ist ein **Verbraucher** jede natürliche Person, die ein Rechtsgeschäft zu einem Zweck abschließt, der weder ihrer gewerblichen noch ihrer selbständigen beruflichen Tätigkeit zugerechnet werden kann. Diese Beschreibung trifft auf den Privatmann K zu. Indem V eine natürliche Person ist, die bei Abschluss eines Rechtsgeschäfts in Ausübung ihrer gewerblichen oder selbständigen beruflichen Tätigkeit handelt, ist er **Unternehmer** im Sinne des § 14 I. Folglich liegt ein Verbrauchsgüterkauf vor.

b) Die Vertragsklausel müsste eine Abw**eichung von § 437 zum Nachteil des Verbrauchers** K darstellen. In der Klausel sind alle Gewährleistungsrechte, auch diejenigen des § 437, ausgeschlossen. Daher stellt sie eine unzulässige Abweichung zum Nachteil des K dar. Folglich ist der Rücktritt nicht aufgrund der Vertragsklausel ausgeschlossen, § 475 I 1.

Ergebnis: K kann vom Kaufvertrag nach §§ 437 Nr.2, 326 V, 346 I zurücktreten und den Kaufpreis zurückverlangen.

Sachverhalt

Autohändler A verkauft K einen „Porsche 944 S 2 Cabrio", der über zehn Jahre alt ist und eine Laufleistung von 122.000 km aufweist. Nach Bezahlung und Übergabe fährt K damit sofort auf der Autobahn nach Rügen. Nach rund 700 km gefahrenen Kilometern tritt ein Motorschaden auf. Hierfür ursächlich ist ein sog. Dauerbruch der Ventilfeder eines Zylinders. Zu einem unbekannten Zeitpunkt war es auf unebener Fahrbahn zu einem Anriss der Ventilfeder gekommen, der sich beim weiteren Betrieb des Fahrzeugs ausgedehnt und schließlich zum vollständigen Bruch der Feder geführt hat. Dies ist kein verschleißbedingter Defekt, mithin völlig untypisch. A kann möglicherweise existente Innenmängel wie den Anriss einer Feder nur durch ein Röntgen des Autos erkennen. Gegenüber K erklärt er eindeutig, nun habe er aber keine Lust mehr, irgendwelche Arbeiten an dem „Porsche" zu verrichten. Er werde eine Nacherfüllung nicht vornehmen.

Kurze Zeit später verkauft A dann noch einen Lastwagen an den Bauunternehmer Z. Bezahlung und Übergabe des Wagens finden sofort statt. Der schriftliche Kaufvertrag sieht formularmäßig einen Gewährleistungs-ausschluss vor. Z fragt, ob der Tachostand von 207.172 km mit der Gesamtfahrleistung des Fahrzeugs übereinstimmt, was A bejaht. Ein von Z gefordertes Scheckheft oder einen Vertrag des Vorbesitzers kann A jedoch nicht vorlegen. In Wirklichkeit war der Tacho bei einer Laufleistung von 300.000 km gewaltsam um 100.000 km zurückgedreht worden. Dies aber wusste A nicht und konnte es auch nicht wissen.

K und Z wollen von ihren jeweiligen Verträgen mit A nichts mehr wissen. Zu Recht? Zudem möchte Z die Gutachterkosten, die zur Feststellung der Tachomanipulation notwendig waren, ersetzt bekommen.

Lösung
Teil 1: K gegen A

Rücktritt des K vom Kaufvertrag mit Anspruch auf Rückzahlung des Kaufpreises nach §§ 437 Nr. 2, 323 I, 346 I

K könnte möglicherweise vom Kaufvertrag nach §§ 437 Nr. 2, 323 I, 346 I zurücktreten und den Kaufpreis zurückverlangen. Dazu müsste ihm ein

Rücktrittsrecht zustehen. Dieses Recht könnte sich aus einem mangelhaft erfüllten Kaufvertrag ergeben.

1. K und A haben einen **Kaufvertrag** über den „Porsche" gemäß § 433 geschlossen.

2. Es müsste ein **Sachmangel**, § 434 I, **zum Zeitpunkt des Gefahrübergangs**, also der Übergabe nach § 446, vorliegen.

a) Zuerst müsste ein Sachmangel bestehen, § 434 I. **Ein Sachmangel ist die für den Käufer nachteilige Abweichung der Ist-Beschaffenheit von der Soll-Beschaffenheit des Wagens.** Hier liegt ein Abriss der Ventilfeder eines Zylinders vor. Dies ist keine übliche Verschleißerscheinung an einem „Porsche", sondern untypisch. Zwar wurde über die Ventilfeder keine Beschaffenheit ausdrücklich zwischen A und K nach § 434 I 1 vereinbart, jedoch setzt auch ein Vertrag über einen gebrauchten „Porsche" gemäß § 434 I 2 Nr. 1 voraus, dass sich das Auto für einen längeren und sicheren Gebrauch als Fahrzeug eignet. Ein Wagen mit abgerissener Ventilfeder erfüllt diese Anforderungen nicht. Folglich ist ein Sachmangel nach § 434 I 2 Nr. 1 zu bejahen.

b) Fraglich ist jedoch, ob der Sachmangel **bereits bei Übergabe** vorlag, § 446. Dazu finden sich keine Informationen im Sachverhalt. Grundsätzlich muss derjenige, der sich auf eine **ihm günstige Tatsache beruft, diese auch beweisen.** Also hätte hier K darzulegen, dass die Ventilfeder bereits bei Übergabe angerissen war. Es könnte jedoch die **Beweislastumkehr** des § 476 greifen.

aa) Voraussetzung für die Anwendung des § 476 ist das Vorliegen eines **Verbrauchsgüterkaufs** gemäß § 474 I 1. K, der von A den „Porsche", eine bewegliche Sache, erworben hat, müsste Verbraucher sein. Gemäß § 13 ist ein Verbraucher jede natürliche Person, die ein Rechtsgeschäft zu einem Zweck abschließt, der weder ihrer gewerblichen noch ihrer selbständigen beruflichen Tätigkeit zugerechnet werden kann. Diese Beschreibung trifft auf K mangels anderweitiger Angaben zu. Indem A eine natürliche Person ist, die bei Abschluss eines Rechtsgeschäfts in Ausübung ihrer gewerblichen oder selbständigen beruflichen Tätigkeit handelt, ist er Unternehmer im Sinne des § 14 I. Folglich liegt ein Verbrauchsgüterkauf vor.

bb) Die Vermutungsregel des § 476 setzt voraus, dass der Mangel **innerhalb von sechs Monaten nach Gefahrübergang aufgetreten** ist. K hat den Mangel noch am selben Tag entdeckt. Er befindet sich also noch innerhalb der Frist des § 476. Folglich tritt die Vermutungsregelung des § 476 ein.

cc) Es handelt sich jedoch um eine **widerlegliche Vermutung**. Nach § 476 a.E. greift die Vermutung nicht, wenn diese mit der Art der Sache oder der Art des Mangels unvereinbar ist. Der Anriss einer Ventilfeder an einem zehn Jahre alten Auto ist zumindest möglich. Problematisch ist, dass der Mangel für A nicht erkennbar war. **Kann der Verkäufer trotz sorgfältiger Untersuchung den Mangel nicht erkennen, ist für die Beweislastumkehr kein Platz** [vgl. BGH ZGS 2007, 347, 348]. Die Anforderungen an die Untersuchung sind allerdings bei Gebrauchtwagen hoch anzusetzen, da anderenfalls die Beweislastumkehr in vielen Fällen nicht greifen würde. Hier hätte A allerdings den Defekt auch bei Überprüfung des Wagens vor Übergabe nicht feststellen können. Ein Röntgen des Wagens ist nicht zuzumuten. Also greift die Vermutungswirkung wegen § 476 a.E. vorliegend nicht ein (andere Ansicht vertretbar; das Problem wird derzeit „heiß" diskutiert).

dd) Allerdings ist zu beachten, dass der Motorschaden bereits am Tag der Übergabe aufgetreten ist. Bei Würdigung der Gesamtumstände kommt man auch ohne § 476 zum Ergebnis, **dass der Mangel bereits bei Gefahrübergang vorlag**, da der Riss auf unebener Fahrbahn stattgefunden hat. Nach Übergabe wurde der „Porsche" aber nur auf einer Autobahn bewegt [OLG Köln, ZGS 2004, 40].

3. Gemäß § 323 V 2 darf **keine nur unerhebliche Pflichtverletzung** vorliegen, da dem Gläubiger ansonsten der Rücktritt verwehrt wäre. Der vorliegende Mangel liegt **nicht** unterhalb der **Bagatellgrenze**. Daher ist die Pflichtverletzung gemäß § 323 V 2 nicht unerheblich.

4. Eine Fristsetzung ist, indem A eine Reparatur des „Porsche" verweigert hat, gemäß § 323 II Nr. 1 entbehrlich. Die Verweigerung des A ist auch eindeutig und ernsthaft und erfüllt damit die strengen Anforderungen des BGH an eine solche Verweigerung (BGH NJW **2006**, 1197).

Ergebnis: K kann vom Kaufvertrag nach §§ 437 Nr. 2, 323 I, 346 I zurücktreten und den Kaufpreis zurückverlangen. A ist also zur Rückzahlung des Kaufpreises verpflichtet.

Teil 2: Z gegen A

I. Rücktritt des Z vom Kaufvertrag mit Anspruch auf Rückzahlung des Kaufpreises nach §§ 437 Nr. 2, 323 I, 346 I

Z könnte möglicherweise vom Kaufvertrag nach §§ 437 Nr. 2, 323 I, 346 I zurücktreten und den Kaufpreis zurückverlangen. Dazu müsste ihm ein Rücktrittsrecht zustehen. Dieses Recht könnte sich aus einem mangelhaft erfüllten Kaufvertrag ergeben.

1. K und A haben einen **Kaufvertrag** über den Lastwagen gemäß § 433 geschlossen.

2. Es müsste ein **Sachmangel**, § 434 I, **zum Zeitpunkt des Gefahrübergangs**, also der Übergabe nach § 446, vorliegen. Ein Sachmangel ist die für den Käufer nachteilige Abweichung der Ist-Beschaffenheit von der Soll-Beschaffenheit. Hier wird durch den Tacho eine falsche Kilometerangabe angezeigt. Es war aber **ausdrücklich vereinbart**, dass Tachostand und Laufleistung übereinstimmen. Dies war nicht der Fall. Insofern ist ein Sachmangel nach § 434 I 1 gegeben. Dieser Mangel lag **bereits bei Übergabe**, mithin bei Gefahrübergang nach § 446, vor.

3. Fraglich ist, wie sich der **vereinbarte Ausschluss der Gewährleistung** auswirkt. Dieser Ausschluss könnte nach § 444 leer laufen. Dazu müsste A eine Garantie für die Beschaffenheit des Tachostandes vom Lastwagen übernommen haben. Wird berücksichtigt, dass Z darum bat, den Vertrag des A mit dem Voreigentümer oder das Scheckheft einzusehen, so wird deutlich, dass es Z auf die Feststellung des Tachostandes **wesentlich ankam**. Da A diese Urkunden nicht vorlegen konnte, liegt in der ansonsten nicht näher überprüfbaren Angabe, der Tachostand entspreche der tatsächlichen Laufleistung, die Übernahme einer Beschaffenheitsgarantie gemäß § 444 a.E. [vgl. Palandt, § 444 Rdnr. 12]. **Diese Garantieerklärung bindet.** Das Risiko der Unrichtigkeit trägt der Erklärende A, nicht der Erklärungsempfänger Z. Damit läuft der vereinbarte Ausschluss der Gewährleistung gemäß § 444 leer.

4. Gemäß § 323 V 2 darf **keine nur unerhebliche Pflichtverletzung** vorliegen, da dem Gläubiger ansonsten der Rücktritt verwehrt wäre. Das Verstellen des Tachos um 100.000 km bewirkt eine deutliche Wertänderung des Wagens. Daher ist die Pflichtverletzung gemäß § 323 V 2 nicht unerheblich.

5. Eine Fristsetzung ist gemäß § 326 V **entbehrlich**.

11

6. Z müsste seinen Rücktritt nach § 349 erklärt haben. Indem er mitteilt, von seinem Vertrag mit A nichts mehr wissen zu wollen, **erklärt** er konkludent den Rücktritt.

Ergebnis: Z kann vom Kaufvertrag nach §§ 437 Nr. 2, 323 I, 346 I zurücktreten und den Kaufpreis von A zurückverlangen. A ist also zur Rückzahlung des Kaufpreises verpflichtet.

II. Anspruch des Z gegen A aus culpa in contrahendo (c.i.c., §§ 280 I, 311 II, 241 II)

kommt nicht in Betracht, da bei fahrlässigem Handeln (hier des A) unstreitig Gewährleistungsrecht vorrangig ist.

[Zum Problem der Anwendbarkeit der c.i.c. bei vorsätzlichem Handeln siehe Fall 16.]

III. Anspruch des Z gegen A auf Schadensersatz neben der Leistung für das Tacho-Gutachten aus §§ 437 Nr. 3, 280 I

Z könnte gegen A einen Anspruch auf Schadensersatz neben der Leistung für das Tacho-Gutachten aus §§ 437 Nr. 3, 280 I haben.

1. Ein **Kaufvertrag** nach § 433 über den Lastwagen zwischen A und Z liegt vor.

2. Der Wagen hat einen **Sachmangel** nach § 434 I 1.

3. Fraglich ist, ob A den Mangel nach § 276 zu **vertreten** hat. Vertretenmüssen wird nach § 280 I 2 grundsätzlich vermutet. Hier wusste A aber nichts von dem Mangel. Jedoch wird im Falle der Zusicherung einer Beschaffenheit auch ohne eigenes Verschulden gehaftet, § 276 I 1. Folglich liegt Vertretenmüssen vor.

4. Zuletzt müsste Z einen **Schaden** gehabt haben. Schäden sind unfreiwillige Vermögensopfer. Das Gutachten war zum Beweis der Manipulation am Tacho des Lastwagens notwendig. Ohne den Mangel hätte er das Gutachten nicht in Auftrag geben müssen. Damit lag ein **unfreiwilliges Vermögensopfer** vor. Der Schaden des Z liegt in Höhe der Gutachtenkosten.

Ergebnis: Z hat gegen A einen Anspruch auf Schadensersatz neben der Leistung für das Tacho-Gutachten aus §§ 437 Nr. 3, 280 I.

Sachverhalt

V hat sich auf den Handel mit Anrufbeantwortern spezialisiert. Er versorgt als Großhändler zahlreiche Geschäfte in Hamburg und Umgebung. Einer seiner Abnehmer ist K, der einen großen Bürohandel in Altona betreibt. K bestellt am 2. Januar 2013 insgesamt zwanzig Anrufbeantworter „Modell Olaf Scholz" zum Preis von je 50 Euro. V liefert noch am gleichen Tag und K stellt die Ware ungeprüft in seinen Laden. Im Oktober 2013 verkauft K ein Exemplar für 100 Euro an Angela (A). Doch schon am 5. Februar 2014 beschwert sich A: Das Gerät habe sich wenige Tage zuvor völlig unerwartet selbst entzündet und sei zum größten Teil verschmort. Da K inzwischen alle Anrufbeantworter verkauft hat, kann er das Exemplar der A nicht umtauschen. Stattdessen erstattet K der A die 100 Euro mit den Worten zurück, dass er den Fehler im Gerät auch bei einer eingehenden Prüfung nicht hätte finden können. Einen Tag später wendet sich K deshalb an V und verlangt 100 Euro als „Ersatz". Zu Recht?

Lösung

Anspruch des K gegen V auf Schadensersatz statt der Leistung in Höhe von 100 Euro aus §§ 437 Nr. 3, 281 I 1 Var.2, 478 I

K könnte gegen V einen Anspruch auf Schadensersatz statt der Leistung aus §§ 437 Nr. 3, 281 I 1 Var.2, 478 I in Höhe von 100 Euro haben.

1. V und K haben einen **Kaufvertrag** über die Anrufbeantworter nach § 433 geschlossen.

2. Es müsste ein **Sachmangel** gemäß § 434 I im **Zeitpunkt des Gefahrübergangs** vorgelegen haben (§ 446 S. 1). Ein Sachmangel ist die für den Käufer nachteilige Abweichung der Ist-Beschaffenheit von der Soll-Beschaffenheit, § 434 I 1.

a) Ein Anrufbeantworter, der sich selbst entzündet und daraufhin verschmort, **weicht von der Soll-Beschaffenheit** eines funktionierenden Gerätes **ab**. Folglich liegt ein Sachmangel nach § 434 I 1 vor.

b) Dieser Mangel müsste zum **Zeitpunkt des Gefahrübergangs**, mithin bei Übergabe am 2. Januar 2013, vorgelegen haben. Ob die Möglichkeit der Selbstentzündung bereits zu diesem Zeitpunkt bestanden hat, lässt sich dem Sachverhalt nicht entnehmen. Fraglich ist folglich, wen die Beweislast trifft. Nach allgemeinen Regeln muss jede Partei die Umstände beweisen, auf die sie sich zu ihrem Vorteil beruft. Hier beruft sich K auf den Mangel des Gerätes.

aa) Möglicherweise wird diese **Beweislastverteilung** jedoch durch § 476 umgekehrt. Diese Vorschrift gilt unmittelbar nur für den Verbrauchsgüterkauf nach § 474 I. Dazu müsste ein **Verbraucher** im Sinne von § 13 einen Kaufvertrag mit einem **Unternehmer** nach § 14 abgeschlossen haben. V und K üben jedoch beide eine gewerbliche Tätigkeit aus. Damit sind sie beide Unternehmer, ein Verbrauchsgüterkauf liegt **nicht** vor.

bb) Es kommt möglicherweise eine Anwendung des § 476 durch die **Verweisung in § 478 III, V** in Betracht. Dazu müsste ein Fall des Händlerregresses nach §§ 478 f. gegeben sein. Dieser setzt voraus, dass sich zwei Unternehmer gegenüberstehen, die einen Kaufvertrag über eine neu hergestellte Sache im Rahmen **ihrer gewerblichen Tätigkeit geschlossen** haben. Der Käufer muss die Sache als Lieferant an einen Verbraucher weiterveräußert haben, der Gewährleistungsrechte geltend macht.
Sowohl K als auch V sind Unternehmer nach § 14. Sie haben den Kaufvertrag im Rahmen ihrer gewerblichen Tätigkeit geschlossen. Zudem ist V als Verkäufer an K auch **Lieferant** gemäß § 478 I. Schließlich handelt es sich bei dem Anrufbeantworter um eine neu hergestellte bewegliche Sache nach § 478 I. **Zuletzt müsste das letzte Geschäft der Lieferkette (der Endverkauf) ein Verbrauchsgüterkauf sein.** K hat A für deren private Nutzung das Gerät verkauft. A ist mithin Verbraucherin, § 13. Damit ist der Endverkauf ein Verbrauchsgüterkauf nach § 474 I.

cc) Fraglich ist jedoch, ob K das Gerät gemäß § 478 III i.V.m. § 478 I als Folge seiner Mangelhaftigkeit zurücknehmen musste. Dabei kommt es auf eine **gesetzliche Verpflichtung** an, Kulanz gegenüber einem Kunden begründet keine solche Pflicht. A hatte den Anrufbeantworter im Oktober 2013 gekauft und war im Februar 2014 vom Vertrag zurückgetreten. Es müssten die Voraussetzungen eines Rücktritts vorgelegen haben (§§ 437 Nr.2, 323).

aaa) K und A hatten einen Kaufvertrag über den Anrufbeantworter „Modell Ole" geschlossen.

bbb) Das Gerät wies einen Sachmangel nach § 434 I auf. **Fraglich ist, ob dieser Mangel bereits bei Gefahrübergang, mithin bei Übergabe (§ 446), vorlag.** Dies kann dem Sachverhalt nicht entnommen werden. Jedoch könnte der Mangel bei Gefahrübergang nach § 476 vermutet werden. Ein Verbrauchsgüterkauf zwischen K und A liegt vor. Im Februar 2014 war die Sechsmonatsfrist noch nicht vorüber. Mithin greift **die Beweislastumkehr nach § 476 ein**, und der Mangel wird bei Gefahrübergang vermutet.

ccc) Möglicherweise hätte A eine **Frist nach § 323 I setzen** müssen. Allerdings war das Gerät verschmort und damit nicht reparierbar. Zudem hatte K keine Geräte vom „Typ Ole" mehr im Verkauf. Eine **Nacherfüllung** im Sinne von § 439 war folglich **nicht möglich.** Somit war die Fristsetzung nach § 323 II Nr. 3 entbehrlich.

Folglich lagen die **Voraussetzungen des Rücktritts** vor. A hat den Rücktritt auch konkludent durch ihre Beschwerde gegenüber K erklärt, § 349. K musste den Anrufbeantworter somit als Folge seiner Mangelhaftigkeit gemäß § 478 III i.V.m. § 478 I zurücknehmen.

c) Im Ergebnis ist nach § 478 III zu vermuten, dass der Mangel des Anrufbeantworters **bereits bei Gefahrübergang**, mithin der Übergabe von V an K am 2. Januar 2013 vorlag.

3. Für die Voraussetzungen des Schadensersatzes kommt es darauf an, ob der **Mangel behebbar** (dann ist § 281 einschlägig), **anfänglich unbehebbar** (dann ist § 311 a II 1 einschlägig) oder **nachträglich unbehebbar** war (dann ist § 283 einschlägig). V hat sich auf den Handel mit Anrufbeantwortern spezialisiert. Daher kam eine Neulieferung durch ihn in Betracht. Folglich liegt ein behebbarer Mangel vor, und die Voraussetzungen des Schadensersatzes bestimmen sich nach § 281.

4. Nach § 281 I 1 muss K **grundsätzlich eine Frist zur Nacherfüllung** gesetzt haben. Diese Fristsetzung zur Nacherfüllung war allerdings vorliegend ausnahmsweise nach § 478 I a.E. nicht erforderlich.

5. V müsste die **Lieferung des mangelhaften Anrufbeantworters zu vertreten haben.** Das Vertretenmüssen wird dabei nach § 280 I 2 vermutet. Es wurde nichts vorgetragen, was diese Vermutung entkräftet. Folglich liegt Vertretenmüssen bei V vor.

6. Möglicherweise gilt die Lieferung des V aber nach § 478 VI BGB i.V.m. § 377 II, III HGB als genehmigt mit der Folge, dass K **keine Gewährleistungs-ansprüche geltend machen könnte.** Dazu müsste K gegen eine bestehende **kaufmännische Rügeobliegenheit** verstoßen haben.

a) Eine solche Rügeobliegenheit besteht bei einem **beiderseitigen Handelskauf.** Ein beiderseitiger Handelskauf gemäß § 343 HGB liegt vor, wenn V und K Kaufleute sind und der Kauf der Anrufbeantworter zum Betrieb ihres Handelsgewerbes gehört. **Kaufmann ist nach § 1 I, II HGB jeder Gewerbetreibende, der kein Kleingewerbe betreibt.** Indem beide dauerhaft, selbständig, mit Gewinnerzielungsabsicht und beruflich einer erlaubten Tätigkeit nachgehen, keine Freiberufler sind und keine Urproduktion betreiben, sind sie Gewerbetreibende. Zudem finden sich keine Hinweise auf ein Kleingewerbe nach § 1 II HGB. Folglich sind K und V Kaufleute, die den Kaufvertrag über die Anrufbeantworter im Rahmen ihrer gewerblichen Tätigkeit abgeschlossen haben. Damit liegt ein beiderseitiger Handelskauf vor.

b) K hätte die Rügeobliegenheit verletzt, wenn er den Mangel nicht rechtzeitig und substantiiert gerügt hätte. Am 6. Februar 2014 rügt K den Mangel bei V. Fraglich ist, ob dies rechtzeitig ist. **Bei einem offenen Mangel nach § 377 II HGB muss eine Rüge unverzüglich, mithin ohne schuldhaftes Zögern (§ 121 BGB), nach Ablieferung stattfinden.** Dies ist durch K nicht geschehen. Jedoch hat sich der Anrufbeantworter später völlig unerwartet selbst entzündet. Hinweise, dass der Mangel erkennbar gewesen wäre, sind nicht vorhanden. Folglich liegt kein offener Mangel, sondern ein verdeckter Mangel nach § 377 III HGB vor. K hat am 5. Februar 2014 von diesem Mangel Kenntnis erhalten und einen Tag später den Mangel gerügt. Damit liegt Rechtzeitigkeit vor. Die Genehmigungsfiktion des § 377 III HGB tritt nicht ein. Im Ergebnis hat K seine Rügeobliegenheit nicht verletzt.

Die Lieferung des V gilt nicht als durch K gemäß § 478 VI BGB i.V.m. § 377 II, III HGB genehmigt.

Ergebnis: K hat gegen V einen Anspruch auf Schadensersatz statt der Leistung in Höhe von 100 Euro aus §§ 437 Nr. 3, 281 I 1 Var.2, 478 I.

Fall 4

Sachverhalt

Der angesehene Rechtsanwalt V hat eine neue Betätigung gefunden. Deshalb veräußert er seine Kanzlei an Junganwalt K für 100.000 Euro. Als Reingewinn der letzten beiden Jahre hatte V vor Vertragsschluss versehentlich 8.000 Euro monatlich angegeben, in Wirklichkeit waren es nur 4.000 Euro monatlich. Wäre der Fehler rechtzeitig bemerkt worden, hätte der Kaufpreis für die Kanzlei nur 60.000 Euro betragen. Kann K 40.000 Euro seiner Kaufpreiszahlung zurückerhalten?

Lösung

I. Anspruch des K gegen V Rückzahlung von 40.000 Euro aus §§ 437 Nr. 2 Var. 2, 441 I 1, III 1

K könnte gegen V einen Anspruch auf Minderung des Kaufpreises der Kanzlei um 40.000 Euro aus §§ 437 Nr. 2 Var. 2, 441 I 1, III 1 haben.

1. Ein **Kaufvertrag** zwischen K und V wurde nach §§ 453 I Var. 2 i.V.m. 433 wirksam geschlossen.

2. Es müsste ein **Sachmangel** nach § 434 I 1 vorliegen. Die Rechtsanwaltskanzlei ist frei von Sachmängeln, wenn sie bei Gefahrübergang (§ 446) die vereinbarte Beschaffenheit hat. **Es darf mithin keine für K nachteilige Abweichung der Ist-Beschaffenheit von der Soll-Beschaffenheit gegeben sein.** Der Beschaffenheitsbegriff ist umstritten. Fraglich ist, ob auch außerhalb der Sache liegende Umstände zur geschuldeten Beschaffenheit gehören können.

[**Hinweis:** Erörtert wird dies zum Beispiel für fehlerhafte Bilanz- und Ertragsangaben beim Unternehmenskauf, Mieterträge eines Hauses oder den schlechten Ruf eines Stundenhotels. **Nur** in diesen Fällen ist eine Diskussion des Beschaffenheitsbegriffs angebracht!]

a) Nach einer Ansicht ist der Beschaffenheit gemäß § 434 nur diejenige Beziehung der Kaufsache zu ihrer Umwelt zuzuordnen, die **dieser Sache „auf Dauer anhaftet".**

b) Die herrschende Ansicht meint, es könne **weder auf ein „Anhaften" noch auf die „Dauerhaftigkeit" ankommen** [statt vieler: Palandt, § 434 Rdnr. 10]. Im Rahmen des § 434 sei vorrangig auf die **vereinbarte Beschaffenheit** abzustellen und damit der Privatautonomie Raum zu geben. Grundsätzlich könnten sämtliche Beziehungen der Kaufsache zur Umwelt zur geschuldeten Beschaffenheit gehören. Nicht in Betracht kämen lediglich diejenigen vorvertraglichen Angaben, die in keinem Zusammenhang mit der Kaufsache stehen (beispielsweise das In-Aussicht-Stellen eines Steuervorteils, der nicht an die Beschaffenheit der Kaufsache, sondern an die Person des Erwerbers anknüpft; vgl. Wenzel/Wilken, Schuldrecht BT, Rdnr. 177). **Diese Grundsätze seien auch beim Unternehmenskauf, wie dem Kauf einer Kanzlei nach § 453 I, anzuwenden.**

c) Diese letztgenannte Ansicht, die auf die **Privatautonomie** abstellt, ist wegen des Wortlauts des § 434, der auf die vereinbarte Beschaffenheit abhebt, vorzugswürdig. **Zur Beschaffenheit gehören folglich neben den natürlichen Eigenschaften der Sache auch ihre rechtlichen und wirtschaftlichen Beziehungen zur Umwelt**, sofern diese nach der Verkehrsanschauung für die Brauchbarkeit oder den Wert der Sache bedeutsam sind und sich nicht aus Umständen ergeben, die außerhalb der Sache liegen. Die Bilanzzahlen und damit die Höhe des Reingewinns betreffen die wirtschaftliche Beziehung der Kanzlei zur Umwelt und sind bedeutsam. Vorliegend wurde der Reingewinn fehlerhaft angegeben. **Damit weichen Ist-Beschaffenheit und Soll-Beschaffenheit bei Gefahrübergang, also bei Übergabe gemäß § 446, für K nachteilig voneinander ab.** Ein Sachmangel im Sinne von § 434 I 1 ist mithin gegeben.

3. Problematisch könnte sein, dass keine Fristsetzung seitens des K nach § 441 I 1 erfolgt ist. Allerdings könnte eine Fristsetzung nach § 326 V entbehrlich sein. Die Übergabe der Kanzlei mit einem Reingewinn der letzten Jahre in Höhe von 8.000 Euro monatlich ist nicht mehr möglich. Eine Beseitigung des Mangels ist folglich ausgeschlossen. Damit ist eine Fristsetzung nach § 326 V entbehrlich.

4. K müsste die **Minderung** erklären nach § 441 I 1.

Ergebnis: K hat gegen V einen Anspruch auf Minderung des Kaufpreises der Kanzlei um 40.000 Euro aus §§ 437 Nr. 2 Var. 2, 441 I 1, III 1. Gemäß § 441 IV 1 hat V dem K die zuviel bezahlten 40.000 Euro zu erstatten.

II. Anspruch des K gegen V auf Schadensersatz in Höhe von 40.000 Euro aus §§ 280 I, 311 II, 241 II (*culpa in contrahendo*)

K könnte gegen V einen Anspruch auf Schadensersatz in Höhe von 40.000 Euro aus §§ 280 I, 311 II, 241 II haben.

1. Fraglich ist zunächst die **Anwendbarkeit der *culpa in contrahendo*** (c.i.c.) nach §§ 280 I, 311 II, 241 II neben den Käuferrechten. Der Anspruch aus c.i.c. könnte dadurch verdrängt werden, dass sich die tatbestandsausfüllende Aufklärungspflichtverletzung auf Umstände bezieht, die gleichzeitig einen Mangel begründen.

a) Nach herrschender Ansicht ist der Anspruch aus c.i.c. verdrängt (Palandt, § 311, Rdnr. 25). Die **Gewährleistungsrechte bei Sachmängeln seien spezieller.** Denn das Kaufrecht schützt in verstärktem Maße die „berechtigten Erwartungen" des Käufers (vgl. § 434 I 2 Nr. 2 sowie die in § 434 I 3 angeordnete Haftung des Verkäufers für öffentliche Äußerungen über die Eigenschaften der Kaufsache). Damit sei das Vertrauen des Käufers hinreichend geschützt. **Für die Sperrwirkung des Gewährleistungsrechts gegenüber der c.i.c. spreche zudem, dass letztere zu einer Umgehung der kaufrechtlichen Verjährungsvorschriften (§ 438) und der spezifischen Ausschlussgründe (§§ 442, 445) sowie zu einer Missachtung des Vorrangs der Nacherfüllung führen könne.**

b) Dagegen meinen andere (Münchener Kommentar / Emmerich, § 311 Rdnr. 137), dass die **mangelbedingten Käuferrechte seit ihrer Einbindung in das allgemeine Leistungsstörungsrecht (über § 437 nach §§ 280 ff.) keinen eigenständigen Regelungskomplex mehr darstellen.** Das Kaufrecht sei seit der Schuldrechtsreform von 2002 nicht mehr abschließend im Besonderen Schuldrecht geregelt. Damit seien die besonderen Beschränkungen für den Schadensersatzanspruch des Käufers entfallen. Deshalb könne man nicht mehr von einer Spezialität der Gewährleistungsrechte ausgehen.

c) Die Ansichten kommen zu unterschiedlichen Ergebnissen. Eine Streitentscheidung ist notwendig. Im alten Schuldrecht verdrängte das Gewährleistungsrecht nur die *fahrlässige* c.i.c. Dies bedeutet, dass eine *vorsätzlich* begangene vorvertragliche Pflichtverletzung (c.i.c.) neben dem Kaufrecht geprüft und bejaht wurde [vgl. BGH NJW 1999, 1404, 1405]. **Im neuen Schuldrecht kann aber auch die fahrlässige c.i.c. neben dem Kaufrecht geprüft werden.** Mit der zweiten Ansicht ist davon auszugehen, dass sich die Regelungslage durch die Verweise des Kaufrechts in das Allgemeine Schuldrecht verändert hat.

Das Kaufrecht stellt **kein abgeschlossenes System** mehr dar. Zwar kennt es noch andere Verjährungsfristen. Allerdings kann man die Verjährung aus c.i.c. (§§ 280 I, 311 II, 241 II) an die Frist des § 438 (Regelverjährung: 2 Jahre) binden, und so Wertungswidersprüchen aus dem Weg gehen. Weiterhin kennt das Kaufrecht noch spezifische Ausschlussgründe wie § 442. Danach sind die Rechte eines Käufers, der den Mangel der Sache kennt, ausgeschlossen. Eine vergleichbar kodifizierte Regel hat die c.i.c. nicht. **Allerdings wäre ein Anspruch aus c.i.c., bei dem der Gläubiger die mangelbegründenden Tatsachen kannte, nach § 242 wegen Treuwidrigkeit ausgeschlossen.** Im Ergebnis liegen dann gleiche Rechtsfolgen wie im Kaufrecht vor. Es zeigt sich also, dass die Regelungen des Kaufrechts und der c.i.c. harmonisiert sind. Folglich kann eine Haftung aus c.i.c. neben den Ansprüchen aus dem Kaufrecht stehen [andere Ansicht natürlich gut vertretbar].

Damit ist §§ 280 I, 241 II, 311 II hier anwendbar.
[Wie gesagt: Eine starke **Ansicht**, vgl. Palandt § 311 Rdnr. 25, **verneint** die Anwendbarkeit der c.i.c. Damit wäre die Prüfung freilich nicht vorbei - es wäre im Hilfsgutachten fortzufahren.]

2. Es müsste ein Schuldverhältnis nach § 311 II vorliegen. Die Angaben zum Reingewinn hat V vor Vertragsschluss, mithin während der Vertragsverhandlungen gemacht. Damit liegt ein Schuldverhältnis nach § 311 II Nr. 1 vor.

3. Weiterhin müsste V eine **Pflicht nach § 241 II verletzt** haben. Zu den Rücksichtspflichten gehören Obhut, Schutz und Information des Partners. Hier hat V falsche Angaben über den Reingewinn der Kanzlei gemacht. Damit hat er die Informationspflicht nach § 241 II verletzt.

4. Schließlich müsste V diese **Pflichtverletzung zu vertreten** haben, wobei das Vertretenmüssen nach § 280 I 2 vermutet wird. Vertretenmüssen umfasst Vorsatz und Fahrlässigkeit, § 276 I 1. V hatte die falschen Angaben versehentlich gemacht. Bei dem Verkauf einer Kanzlei muss man die im Verkehr erforderlichen Sorgfaltspflichten in besonderem Maße beachten. Dies betrifft insbesondere Angaben über die wirtschaftliche Lage eines Geschäfts. V hat diese **Sorgfaltspflichten verletzt**. Damit kann Fahrlässigkeit nach § 276 II bejaht werden, und V kann die Vermutung des § 280 I 2 nicht widerlegen. V hat die Pflichtverletzung daher zu vertreten.

5. Zuletzt müsste K ein **Schaden** nach § 280 I 1 entstanden sein. K hätte für die Kanzlei bei richtiger Gewinnangabe 40.000 Euro weniger bezahlt. Er hatte also ein **unfreiwilliges Vermögensopfer** in dieser Höhe und damit einen Schaden nach § 280 I 1.

Ergebnis: K hat gegen V einen Anspruch auf Schadensersatz in Höhe von 40.000 Euro aus §§ 280 I, 311 II, 241 II [andere Ansicht gut vertretbar].

Sachverhalt

V handelt gewerblich mit Reinigungsanlagen, welche in Maschinen eingesetzt werden und für die Beseitigung von Ölrückständen sorgen. Um der Gefahr einer Überhitzung zu entgehen, ist ein „Schwimmerschalter" (Wert: 1 Euro) eingebaut. Dieser Schalter bewirkt ab einer bestimmten Temperatur das Abschalten der Stromzufuhr. V verkauft und liefert K eine Reinigungsanlage am 28. Dezember 2011 für 50.000 Euro. Am 30. Dezember 2013 kommt es zu einer Überhitzung der Maschine, die in der Folge total unbrauchbar ist. Wie sich herausstellt, war ein Defekt des Schwimmerschalters Grund für die Überhitzung. K verlangt für die Maschine 50.000 Euro Ersatz, V will nur 1 Euro für den, wie er zugibt, von Beginn an defekten „Schwimmerschalter" zahlen. Ansonsten will V von dem Geschäft „endgültig" nichts mehr wissen. Wie viel Geld wird als Schadensersatz fließen müssen? [nach BGHZ 67, 359]

Lösung

I. Anspruch des K gegen V auf Schadensersatz statt der Leistung gemäß §§ 437 Nr. 3 Var. 1, 281 I 1

K könnte gegen V einen Anspruch auf Schadensersatz statt der Leistung in Höhe von 50.000 Euro aus §§ 437 Nr. 3 Var. 1, 281 I 1 haben.

1. Ein **Kaufvertrag** zwischen K und V nach § 433 liegt vor.

2. Es müsst ein **Sachmangel** gemäß § 434 I im Zeitpunkt des Gefahrübergangs vorgelegen haben (§ 446 S.1). Ein Sachmangel ist die für den Käufer nachteilige Abweichung der Ist-Beschaffenheit von der Soll-Beschaffenheit, § 434 I 1. Eine Vereinbarung über den „Schwimmerschalter" nach § 434 I 1 liegt zwischen V und K nicht vor. Auch ist nichts über die im Vertrag zwischen K und V vorausgesetzte Verwendung der Maschine gemäß § 434 I 2 Nr. 1 bekannt. Es könnte jedoch ein **Sachmangel nach § 434 I 2 Nr. 2** gegeben sein. Dann dürfte sich die Maschine nicht für die gewöhnliche Verwendung eignen und müsste einer Beschaffenheit entbehren, die bei Sachen der gleichen Art üblich ist und die K hätte erwarten können. Bei Reinigungsanlagen für Maschinen ist ein „Schwimmerschalter" zur Hitzedämmung erforderlich. Nur mit einem funktionsfähigen „Schwimmerschalter" eignet sich die Anlage für die gewöhnliche – sichere – Verwendung. Folglich ist ein Sachmangel nach § 434 I 2 Nr. 2 gegeben.

3. V müsste die Mangelhaftigkeit des Schalters zu **vertreten** haben. Sein Vertretenmüssen wird nach §§ 280 I 2, 276 vermutet. Entlastungshinweise liegen nicht vor. Damit ist von einem Vertretenmüssen des V auszugehen.

4. K müsste möglicherweise eine angemessene **Frist zur Nacherfüllung nach § 281 I 1** gesetzt haben. Eine solche Fristsetzung ist nicht ersichtlich. Sie könnte aber **entbehrlich** sein. Nach § 281 II ist eine Fristsetzung entbehrlich, wenn der Schuldner die Leistung **ernsthaft und endgültig verweigert**. V will von dem Geschäft, wie er sagt, „endgültig" nichts mehr wissen. Damit ist eine Fristsetzung durch K nach § 281 II entbehrlich.

5. K müsste einen **Schaden** erlitten haben. Die Maschine ist nun unbrauchbar. Damit liegt ein Schaden in Höhe von 50.000 Euro abzüglich des Nutzwertes für die zwei Jahre vor.

6. Problematisch ist, ob die Ansprüche nach § 438 I Nr. 3, II verjährt sind. Für die Maschine gilt die **Regelverjährung** von zwei Jahren nach Ablieferung. Ablieferungsdatum war der 28. Dezember 2011. Fristende war damit der 28. Dezember 2013. K macht den Anspruch am 30. Dezember 2013 geltend. Das ist zu spät.

Ergebnis: Dem Anspruch des K gegen V auf Schadensersatz statt der Leistung in Höhe von 50.000 Euro aus §§ 437 Nr. 3 Var. 3, 281 I steht die Einrede der Verjährung entgegen.

II. Anspruch des K gegen V auf Schadensersatz in Höhe von 50.000 Euro aus § 823 I

K könnte gegen V einen Anspruch auf Schadensersatz in Höhe von 50.000 Euro aus § 823 I haben.

1. Es müsste die **Verletzung eines Rechtsgutes** aus § 823 I vorliegen. In Betracht kommt das Eigentum des K an der Maschine.

a) Problematisch ist, dass der defekte „Schwimmerschalter" bereits in diese Maschine eingebaut war. Damit scheidet die Beschädigung einer *fremden* Sache durch die Lieferung der Maschine aus, es **handelt sich grundsätzlich um einen im Rahmen des § 823 I nicht erstattungsfähigen Vermögensschaden**. Das Deliktsrecht schützt nur das *Integritätsinteresse* des Käufers.

Nicht geschützt ist der Schaden, der durch die aus dem Vertrag erworbene Sache erwächst. Dieses *Äquivalenzinteresse* ist allein über kaufrechtliche Gewährleistungsansprüche ersatzfähig.

b) Eine Ausnahme davon gilt jedoch bei **sogenannten „weiterfressenden Mängeln"**. Dazu müsste der Mangel nur einen funktionell begrenzten und untergeordneten Teil der ansonsten als intakt anzusehenden Maschine betreffen. In einem solchen Fall gilt die Maschine als mangelfrei übergeben. Der tatsächliche Mangel durch den defekten „Schwimmerschalter" hat sich erst später in die Maschine „hineingefressen" und folglich erst nach Eigentumsübergang einen Schaden verursacht. Zudem ist der „Schwimmerschalter" ein **funktionell untergeordnetes Bauteil**, welches **nicht** mit der Maschine **stoffgleich** ist. Folglich stimmt das geltend gemachte Integritätsinteresse des K nicht mit seinem Äquivalenzinteresse überein. Eine Eigentumsverletzung bei K ist demnach zu bejahen.

c) Fraglich ist, ob die Rechtsprechung zu „weiterfressenden Mängeln" auch im Rahmen des neuen Schuldrechts noch Anwendung finden kann. Das ist umstritten (vgl. Schollmeyer: Zur Reichweite der kaufrechtlichen Nacherfüllung bei Weiterfresserschäden NJOZ 2009, 2729ff.).

aa) Der Gesetzgeber wollte die Problematik der unterschiedlichen Verjährungsfristen durch Kaufrecht und Deliktsrecht beendet wissen. Deshalb wurden die allgemeine und die kaufrechtliche Verjährungsfrist weitgehend angeglichen.

bb) Allerdings bestehen trotzdem noch Unterschiede. Zwar sind die Fristen durch die Reform 2002 in großem Maße angeglichen worden. Unterschiedlich stellt sich aber der Fristbeginn dar. Die Frist beginnt im Kaufrecht bei Übergabe der Sache (§ 438 II), im allgemeinen Recht bei Kenntnisnahme des Schadens (§ 199 I Nr. 2).

cc) Damit besteht **weiterhin eine Schutzbedürftigkeit des Käufers** einer Sache mit weiterfressendem, aber nicht stoffgleichem Mangel. Der Bundesgerichtshof scheint das Rechtsinstitut weiter anwenden zu wollen. Im Rahmen der Schuldrechtsmodernisierung wurde wiederholt argumentiert, durch die Verlängerung der vertraglichen Gewährleistungsansprüche auf zwei Jahre sei die Rechtsprechung zu den Weiterfresserschäden obsolet geworden. Sinn dieser Rechtsprechung sei in erster Linie eine Korrektur der als zu kurz empfundenen vertraglichen Verjährung gewesen. Dem ist entgegenzuhalten, dass die Schuldrechtsreform das Deliktsrecht unberührt gelassen hat. **Auch zielen die deliktsrechtlichen Vorschriften auf den Ersatz des Integritätsinteresses und nicht des Äquivalenzinteresses ab.** Folglich muss die dargelegte Rechtsprechung, die die Verjährung nach hinten verlagert, auch in Zukunft Anwendung finden.

2. Die Verletzungshandlung durch Einbau des defekten und sich später in die Maschine „hineinfressenden" Schwimmerschalters ist **haftungsbegründend kausal** für die Beeinträchtigung des Eigentums des K an der Maschine.

3. V handelte zudem **rechtswidrig** und, indem er fahrlässigerweise einen – wie er zugibt – defekten Schwimmerschalter eingebaut hat, auch **schuldhaft**.

4. Bei K ist daraus **haftungsausfüllend kausal** ein **Schaden** in Höhe von 50.000 Euro entstanden. Von diesem Schaden ist der Vorteil abzuziehen, den K durch die zweijährige Nutzung der Maschine hatte (sog. **Vorteilsausgleichung** [vgl. Palandt, vor § 249 Rdnr. 143, „Nutzungen"]). Wie hoch diese Summe hier ist, kann mangels Informationen über den Laufzeit einer solchen Maschine nicht gegeben werden.

5. Der Anspruch könnte nach § 195 verjährt sein. Nach § 199 I Nr. 2 beginnt die Verjährungsfrist erst mit Schluss des Jahres der Kenntnisnahme. Kenntnisnahme war hier am 30. Dezember 2013. Fristbeginn ist folglich am 31. Dezember 2013. Die Frist läuft drei Jahre lang (§ 195), mithin bis 31. Dezember 2016. Folglich ist der Anspruch **nicht** verjährt.

Ergebnis: K hat gegen V einen Anspruch auf Schadensersatz aus § 823 I in Höhe von 50.000 Euro abzüglich des Nutzungswerts der Maschine für zwei Jahre.

II. Werkvertragsrecht

a) Anspruch auf Nacherfüllung

Anspruch auf Mängelbeseitigung oder Neuherstellung, §§ 634 Nr. 1, 635 f.
1. Werkvertrag
2. Sachmangel, § 633 II, oder Rechtsmangel, § 633 III
3. kein Verweigerungsrecht wegen Unmöglichkeit nach § 275 II, III oder unverhältnismäßigem Aufwand, § 635 III
4. keine Abnahme des Bestellers in Kenntnis des Mangels, § 640 II

b) Anspruch auf Schadensersatz (SE)

I. Schadensersatz statt der Leistung bei anfänglich unbehebbarem Mangel, §§ 634 Nr. 4, 311 a II 1
1. Werkvertrag
2. Sachmangel, § 633 II, oder Rechtsmangel, § 633 III
3. Mangel lag schon bei Vertragsschluss vor, § 311 a I
4. Kenntnis oder zu vertretene Unkenntnis vom Mangel, § 311 a II 2
5. dadurch Schaden beim Besteller (= Gläubiger)
6. keine Abnahme des Bestellers in Kenntnis des Mangels, § 640 II

II. Schadensersatz statt der Leistung bei nachträglichem Mangel, §§ 634 Nr. 4, 281 / 283
1. Werkvertrag
2. Sachmangel, § 633 II, oder Rechtsmangel, § 633 III
3. Vertretenmüssen, §§ 280 I 2 i.V.m. 276
4. Mangel unbehebbar (dann § 283) oder behebbar (dann § 281 I 1 mit Fristsetzungserfordernis, das in einigen Fällen entbehrlich ist), auf jeden Fall muss der Mangel anfänglich entstanden sein
5. dadurch Schaden beim Besteller (= Gläubiger)
6. keine Abnahme des Bestellers in Kenntnis des Mangels, § 640 II

III. SE neben der Leistung bei Mangelfolgeschaden, §§ 634 Nr. 4, 280 I
1. Werkvertrag
2. Sachmangel, § 633 II, oder Rechtsmangel, § 633 III
3. Vertretenmüssen, §§ 280 I 2 i.V.m. 276
4. dadurch Schaden beim Besteller (= Gläubiger)
5. keine Abnahme des Bestellers in Kenntnis des Mangels, § 640 II

c) Rücktritt und Minderung

I. Rücktritt wegen eines mangelhaften Werkes, §§ 634 Nr. 3, 636, 346 I

1. Werkvertrag
2. Sachmangel, § 633 II, oder Rechtsmangel, § 633 III
3. Keine Unerheblichkeit des Mangels, § 323 V 2
4. bei behebbarem Mangel: Fristsetzungserfordernis,
   das in einigen Fällen entbehrlich ist;
   bei unbehebbarem Mangel ist Frist nach § 326 V entbehrlich
5. Rücktrittserklärung, § 349
6. kein Ausschluss des Rücktrittsrechts durch § 323 VI

Rechtsfolge: Rückgewähr der empfangenen Leistungen gemäß §§ 346ff.

II. Minderung wegen eines mangelhaften Werkes, §§ 634 Nr. 3, 636, 346 I

1. Werkvertrag
2. Sachmangel, § 633 II, oder Rechtsmangel, § 633 III
3. bei behebbarem Mangel: Fristsetzungserfordernis (§ 323 I), das in einigen Fällen entbehrlich ist (§ 638: „statt zurückzutreten" = Voraussetzungen des Rücktritts sind auch bei der Minderung zu prüfen);
   bei unbehebbarem Mangel: Frist ist nach § 326 V entbehrlich
4. Minderungserklärung, § 638 i.V.m. § 349
5. kein Ausschluss des Minderungsrechts durch § 323 VI analog

Rechtsfolge: Herabsetzung der Vergütung, ggf. durch Schätzung; falls bereits gezahlt wurde: Anspruch auf Rückerstattung des zuviel Gezahlten nach § 638 IV 1

Fall 6

Sachverhalt

Antiquitätenliebhaber A möchte einen Sekretär aus dem 18. Jahrhundert bei einem Spezialisten (S) restaurieren lassen. S macht sich voller Elan an die Arbeit und ruft zwei Wochen später an, um mitzuteilen, dass das gute Stück fertig sei. A will seinen Sekretär am nächsten Morgen abholen und S den verdienten Lohn von 1.200 Euro bezahlen. In der Nacht bricht jedoch in der Werkstatt des S ein Feuer aus, dessen Ursache nicht geklärt werden kann. Die Antiquität des A verbrennt völlig. S stellt sich auf den Standpunkt, dass er seine Arbeit verrichtet habe und A ihm daher 1.200 Euro schulde. A findet dies unverschämt angesichts der Tatsache, dass sein Sekretär bei S vernichtet wurde.

Kann S von A das Geld verlangen?

Lösung

Anspruch des S gegen A aus § 631 auf Zahlung des Werklohns in Höhe von 1.200 Euro

S könnte gegen A einen Anspruch auf Zahlung des Werklohns in Höhe von 1.200 Euro aus § 631 haben.

1. Den dazu erforderlichen Werkvertrag haben S und A geschlossen. Folglich besteht grundsätzlich ein Werklohnanspruch in Höhe von 1.200 Euro.

2. Dieser Anspruch könnte aber **noch nicht fällig** sein. Nach § 641 ist ein Anspruch auf Werklohnzahlung mit **Abnahme** fällig. **Abnahme ist die körperliche Entgegennahme des Werkes und seine Billigung als vertragsgemäß.** A hat am Telefon lediglich angekündigt, dass er den Sekretär abholen werde. Eine Billigung des Werkes als vertragsgemäß ist nicht erfolgt. Mangels Abnahme ist der Werklohnanspruch noch nicht fällig.

3. Der Anspruch des S könnte allerdings nach § 644 I 1 ganz entfallen sein. Gegenüber der Vorschrift des § 326 geht § 644 I 1 als speziellere Regelung vor. Die Vorschrift des § 644 I 1 normiert im Hinblick auf die **Preisgefahr**, dass der Unternehmer bis zur **Abnahme des Werkes das Risiko des Untergangs** trägt. In der Zusammenschau mit § 645 ergibt sich, dass § 644 I 1 den zufälligen Untergang vor Augen hat, was bedeutet, dass keine der Parteien für den Untergang verantwortlich gewesen sein darf. Der Unternehmer hat also keinen

Vergütungsanspruch für die bisher geleistete Arbeit, wenn die Ausführung des Werkes unmöglich wird. Das ist Folge des unternehmerischen Risikos und der Erfolgsbezogenheit des Werkvertrags. Im vorliegenden Fall ging das **vollendete Werk**, der restaurierte Sekretär, durch ein Feuer unter, das von keiner der Parteien gemäß § 276 zu vertreten ist. Folglich ist der Werklohnanspruch des S nach § 644 I 1 entfallen.

4. S könnte seinen Anspruch allerdings nach § 645 I 1 behalten haben. Bei Erfüllung der Voraussetzungen dieser Norm **trägt der Besteller die Preisgefahr**. Das Werk müsste vor Abnahme infolge eines Mangels des von dem Besteller gelieferten Stoffes oder seiner Anweisung untergegangen, verschlechtert oder unausführbar geworden sein, ohne dass ein Umstand mitgewirkt hat, den der Unternehmer zu vertreten hat. Vorliegend wurde der Sekretär und die in ihm verkörperte Restaurierungsarbeit durch einen Brand, also eine Ursache von außen zerstört. Der Untergang ist also **weder** durch einen vom Besteller gelieferten Stoff **noch** durch eine Anweisung von seiner Seite verursacht worden. Folglich liegen die Voraussetzungen des § 645 I 1 nicht vor. S hat seinen Anspruch nicht nach § 645 I 1 behalten.

5. S könnte seinen Anspruch allerdings **nach § 645 I 1 analog** behalten haben.

a) Eine Auffassung billigt dem Unternehmer auch dann einen Anspruch auf Vergütung vor Abnahme zu, wenn der Umstand, der zum Untergang des Werkes geführt hat, aus der Sphäre des Bestellers stammt (sogenannte **Sphärentheorie**). Damit werden auch Umstände im Bereich des Bestellers erfasst, die unterhalb der Verschuldensgrenze liegen.

b) Gegen diese Ansicht spricht, dass im Rahmen der Schuldrechtsreform diese Sphärentheorie ausdrücklich nicht ins Gesetzeswerk aufgenommen worden ist. Es besteht daher keine für eine analoge Anwendung orforderliche planwidrige Regelungslücke. Für eine analoge Anwendung des § 645 I 1 ist daher vorliegend kein Raum.

Ergebnis: S hat gegen A keinen Anspruch auf Zahlung des Werklohns in Höhe von 1.200 Euro aus § 631.

Sachverhalt

Tierliebhaber John (J), in dessen Wohnung sich zahlreiche Aquarien befinden, beschließt, ein Terrarium anzulegen, um dort zwei Leguane (Harry und Sally) zu halten. Er bestellt dazu bei einem Versandhandel einen Baukasten eines gebrauchten Terrariums (Einzelstück) zum Selbstaufbau für 2.000 Euro. Nach kurzer Zeit ist J angesichts der komplizierten Anleitung in koreanischer Sprache frustriert und ruft einen Fachmann F an, der ihm das Terrarium installieren soll. Bei der Installation unterläuft F allerdings ein fataler Fehler, indem er die Wärmelampen falsch einstellt. Aufgrund dieses Fehlers kommt es im Terrarium zu enormer Hitzeentwicklung, die in einer Explosion gipfelt. Neben der kompletten Zerstörung des Terrariums sterben auch die 500 Euro teuren Leguane.

Der um sein Terrarium sowie um Harry und Sally trauernde J verlangt von F 2.500 Euro. Zu Recht?

Lösung

I. Anspruch des J gegen F auf Schadensersatz statt der Leistung für das Terrarium gemäß §§ 634 Nr. 4 Var. 1, 283

J könnte gegen F einen Anspruch auf Schadensersatz statt der Leistung für das Terrarium gemäß §§ 634 Nr. 4 Var. 1, 283 haben.

1. Dazu müsste zwischen beiden ein wirksamer Werkvertrag gemäß § 631 bestehen. Indem J den F beauftragt hat, das Terrarium in seiner Wohnung zu installieren, wurde ein Werkvertrag gemäß § 631 geschlossen.

2. Das Werk müsste **mangelhaft** gewesen sein. In Betracht kommt ein **Sachmangel** gemäß § 633 II 1. Dann dürfte das Werk nicht die vereinbarte Beschaffenheit aufweisen. Eine besondere Beschaffenheit haben J und F nicht vereinbart. Es kommt aber in Betracht, dass das Werk gemäß § 633 II 2 Nr.1 **nicht die nach dem Vertrag vorausgesetzte Beschaffenheit** aufweist. Es war klar, dass J das Terrarium verwenden wollte, um seine Leguane darin zu halten. Dies setzt voraus, dass die Wärmelampen richtig installiert sind. Eine falsche Einstellung der Wärmelampen steht einer nach dem Vertrag vorausgesetzten Beschaffenheit entgegen. Folglich liegt ein **Sachmangel** gemäß § 633 II 2 Nr.1 vor.

3. Die **Voraussetzungen des Schadenersatzes** richten sich nach § 634 Nr. 4. Dabei ist nun für das Auffinden der einschlägigen Norm (§§ 281 oder 283 oder 311 a) danach zu differenzieren, ob der Mangel **behebbar**, **nachträglich unbehebbar** oder **anfänglich unbehebbar** war. Das Terrarium war ein Gebrauchtartikel, der infolge der unsachgemäßen Installation zerstört worden ist. Eine erneute Installation ist folglich nicht möglich. Der vorliegende Mangel war also unbehebbar und die Unbehebbarkeit trat erst **nach** Vertragsschluss auf. Daher ist die Regelung der §§ 283 i.V.m. 280 einschlägig.

4. Nach § 283 darf der Schuldner die Leistung nicht mehr erbringen können (§ 275). Wegen der Zerstörung des Terrariums ist eine erneute Installation nicht möglich, womit **Unmöglichkeit** nach § 275 vorliegt.

5. Gemäß §§ 280 I 2 i.V.m. 276 muss der Schuldner den Mangel zu **vertreten** haben. Nach § 280 I 2 wird das Vertretenmüssen vermutet, das heißt der Schuldner muss beweisen, dass er den Mangel nicht zu vertreten hatte. Vertretenmüssen umfasst Vorsatz und Fahrlässigkeit (§ 276 I 1). Fahrlässig handelt nach § 276 II, wer die im Verkehr erforderliche Sorgfalt außer Acht lässt. F hat die Wärmelampen falsch eingestellt. Dadurch hat er die im Verkehr erforderliche Sorgfalt nicht beobachtet. Er handelte mithin fahrlässig und hat den Mangel zu vertreten.

6. Durch die Pflichtverletzung muss ein **Schaden** beim Gläubiger entstanden sein (§ 283 i.V.m. § 280 I 1).

a) Das Terrarium im Wert von 2.000 Euro wurde vollständig zustört. Diesen **Schaden** kann J von F ersetzt verlangen.

b) Die Anspruchsgrundlage der §§ 634 Nr. 4 Var. 1, 283 umfasst nur den **Mangelschaden**. Vorliegend verlangt J die Kosten für die toten Leguane. Dies ist ein Schaden, der nicht am Werk, also dem installierten Terrarium selbst, aufgetreten ist. Es handelt sich damit um einen **Mangelfolgeschaden**, der nicht im Rahmen der §§ 634 Nr. 4 Var. 1, 283 ersatzfähig ist.

Ergebnis: J hat gegen F einen Anspruch auf Schadensersatz statt der Leistung für das Terrarium in Höhe von 2.000 Euro gemäß §§ 634 Nr. 4 Var. 1, 283.

II. Anspruch des J gegen F auf Schadensersatz neben der Leistung bei Mangelfolgeschaden gemäß §§ 634 Nr. 4 Var. 1, 280 I

J könnte gegen F einen Anspruch auf Schadensersatz neben der Leistung bei Mangelfolgeschaden in Höhe von 500 Euro gemäß §§ 634 Nr. 4 Var. 1, 280 I haben.

1. Ein **Werkvertrag** nach § 631 wurde geschlossen.
2. Das Werk war mit einem **Sachmangel** behaftet (s.o.).
3. F hatte den Mangel auch zu **vertreten** (s.o.).

4. Es muss ein **Schaden** aufgetreten sein, der außerhalb des Werks liegt. Der Schaden, der durch den Tod der Leguane entstanden ist, ist kein Schaden am mangelhaft installierten Terrarium, sondern liegt außerhalb dessen. Die Kosten für die Leguane in Höhe von 500 Euro sind ein Mangelfolgeschaden. Dieser Mangelfolgeschaden muss auf der Mangelhaftigkeit des Werks beruhen. Der Tod der Leguane beruht auf der mangelhaften Installation der Wärmelampen, die zur Explosion des Terrariums geführt haben. Folglich war der Mangel kausal für den Schaden.

Ergebnis: J hat gegen F einen Anspruch auf Schadensersatz neben der Leistung bei Mangelfolgeschaden (tote Leguane) in Höhe von 500 Euro gemäß §§ 634 Nr. 4 Var. 1, 280 I.

III. Anspruch des J gegen F auf Schadensersatz gemäß § 823 I

J könnte gegen F einen Anspruch auf Schadensersatz für die Leguane und das Terrarium aus § 823 I haben.

1. F müsste eine **Verletzungshandlung** begangen haben. Als Handlung kommt die Installation des Terrariums in Betracht.
2. Ferner müsste F eine durch § 823 I **geschützte Rechtsposition** des J verletzt haben. In Betracht kommt das Eigentum. Die Leguane standen im Eigentum des J. Sie starben durch die Explosion. Auch das Terrarium wurde zerstört. Das Eigentum des J wurde somit verletzt.
3. Indem die **Eigentumsverletzung** durch die unsachgemäße Installation der Wärmelampen und der darauf beruhenden Explosion beruht, ist auch die haftungsbegründende Kausalität gegeben.

4. Die Verletzung müsste **schuldhaft** gewesen sein. In Betracht kommt Fahrlässigkeit, also die Nichtbeachtung der im Verkehr erforderlichen Sorgfalt (§ 276 II). Indem F aufgrund einer Unachtsamkeit die Lampen falsch einstellt, hat er die im Verkehr erforderliche Sorgfalt nicht beachtet und handelte fahrlässig.

5. Ein **Schaden** ist J durch die toten Leguane in Höhe von 500 Euro entstanden. Dieser Schaden beruht auch auf der Eigentumsverletzung (**haftungsausfüllende Kausalität**).

Ergebnis: J hat gegen F einen Anspruch auf Schadensersatz für die Leguane in Höhe von 500 Euro und für das Terrarium aus § 823 I.

Sachverhalt

G ist größenwahnsinnig. Er hat sich zum Ziel gesetzt, eine 20 Meter hohe begehbare Statue bauen zu lassen, die aussieht wie der Koloss von Rhodos. Er findet den Architekten A, der zusagt, das Projekt für 100.000 Euro zu realisieren. Das Bauwerk wird fest im Boden verankert und gleicht tatsächlich den grafischen Überlieferungen des Kolosses genau. Nach Fertigstellung führt der zufriedene G stolz seine Gäste im Inneren der Statue herum. Einige Wochen später stürzt die Treppe im Inneren zusammen. Es stellt sich heraus, dass die Statik der Treppenkonstruktion nicht korrekt berechnet worden war. Glücklicherweise kommt niemand zu Schaden. Die Beseitigung des Treppen-schadens kostet 10.000 Euro. A verlangt von G 100.000 Euro. G verweigert dies und fordert von A, eine Treppe einzubauen, die auch wirklich standsicher ist.

Kann A von G den Werklohn verlangen?

Lösung

Anspruch des A gegen G auf Zahlung des Werklohns aus § 631

A könnte gegen G einen Anspruch auf Zahlung von Werklohn in Höhe von 100.000 Euro aus § 631 haben.

1. A und G haben einen Vertrag vereinbart, der A verpflichtete, für 100.000 Euro eine Statue des Kolosses von Rhodos zu erbauen. Fraglich ist, ob es sich hierbei um einen Werkvertrag oder um einen Kaufvertrag handelt. § 651 S.1 bestimmt, dass **auf einen Vertrag herzustellender oder zu erzeugender beweglicher Sachen die Vorschriften des Kaufrechts Anwendung** finden. Der Vertrag über den Bau der Statue ist ein Vertrag über eine herzustellende Sache. Die herzustellende Sache ist allerdings fest mit dem Boden verbunden. **Nach § 94 I 1 sind mit Grund und Boden fest verbundene Sachen wesentliche Bestandteile eines Grundstücks.** Daher handelt es sich bei dem Bauwerk nicht um eine bewegliche Sache. Es liegt folglich kein Lieferungskauf nach § 651 S.1 vor, auf den Kaufrecht anwendbar wäre. Vielmehr handelt es sich vorliegend um eine werkvertragliche Beziehung, in deren Rahmen ein Erfolg geschuldet ist.

Aufgrund des vereinbarten Werkvertrags schuldet G grundsätzlich die Zahlung von 100.000 Euro.

2. Die **Fälligkeit des Werklohnanspruchs** richtet sich gemäß § 641 I 1 nach der Abnahme des Werkes. Die Abnahme des Werkes ist die tatsächliche Entgegennahme und die Billigung als im Wesentlichen vertragsgemäß. G war zufrieden und hat nach Fertigstellung des Kolosses Gäste durch die begehbare Statue geführt. Damit hat er zumindest konkludent zum Ausdruck gebracht, dass er die Leistung des A als im Wesentlichen vertragsgemäß billigt. Folglich hat G das Werk abgenommen. Also ist die Werklohnforderung des A auch fällig.

3. G könnte der Zahlungspflicht allerdings die **Einrede des nichterfüllten Vertrags** nach § 320 entgegenhalten. Nach § 320 kann derjenige, der aus einem gegenseitigen Vertrag verpflichtet ist, die ihm obliegende Leistung bis zur Bewirkung der Gegenleistung verweigern, wenn er keine Vorleistungspflicht hat.

a) Fraglich ist, ob § 320 vorliegend überhaupt anwendbar ist. Bedenken könnten insofern bestehen, als die Regelungen der § 631 ff. als **speziellere Vorschriften für die Zeit nach Gefahrübergang Vorrang vor der allgemeineren Einrede des nichterfüllten Vertrags haben könnten.** Bis zum Zeitpunkt des Gefahrübergangs, also bis zur Abnahme, hat die Erhebung der Einrede nach § 320 allerdings noch überhaupt keinen Sinn, da der Werklohnanspruch erst mit Abnahme fällig wird.

b) Sofern kein Nacherfüllungsanspruch besteht, etwa im Falle von unbehebbaren Mängeln oder der berechtigten Ablehnung des Nacherfüllungsanspruchs, besteht kein Gegenseitigkeitsverhältnis und daher ist die Anwendung von § 320 ist ausgeschlossen.

c) Die Vorschriften der § 631 ff. gehen allerdings dann nicht vor, **wenn eine Nacherfüllung noch möglich ist.** Der Nacherfüllungsanspruch gemäß §§ 634 Nr. I, 635 steht wie der ursprüngliche Erfüllungsanspruch im Gegenseitigkeitsverhältnis (**Synallagma**) mit dem Werklohnanspruch. Die Einrede des nichterfüllten Vertrags wird im Werkvertragsrecht darüber hinaus durch § 641 III modifiziert. Danach kann der Besteller bei einem Mangel, der noch beseitigt werden muss, die Zahlung eines angemessenen Teils der Vergütung, mindestens das Dreifache der Beseitigungskosten, zurückhalten (sogenannter „**Druckzuschlag**"). Folglich ist § 320 grundsätzlich anwendbar.

4. Die Norm des § 320 setzt voraus, dass die Einrede erhoben ist und dass die Gegenleistung noch nicht bewirkt ist. Indem G zum Ausdruck gebracht hat, er werde den Werklohn nicht bezahlen, bis die Treppe ausgebessert wird, hat er die Einrede des § 320 erhoben.

5. Die **Gegenleistung** könnte noch nicht bewirkt sein. Dies ist der Fall, wenn das Werk mit einem Mangel behaftet war. Es kommt ein Mangel nach § 633 II 1 Nr.1 in Betracht. **Nach dieser Vorschrift liegt ein Sachmangel vor, wenn das Werk nicht die nach dem Vertrag vorausgesetzte Beschaffenheit besitzt.** G und A haben vereinbart, dass die Statue des Kolosses von Rhodos im Inneren begehbar sein soll. Durch die unsachgemäße Berechnung der Statik der Treppe, die zu ihrem Einsturz führte, weist das Werk die vereinbarte Beschaffenheit der Begehbarkeit nicht auf. Folglich liegt ein Sachmangel nach § 633 II 1 Nr.1 vor.

Damit ist die Leistung des A nicht bewirkt. G steht vielmehr ein Nachbesserungsanspruch gegen ihn aus §§ 634 Nr.1, 635 zu. Die Voraussetzungen des § 320 sind somit erfüllt.

6. Bei der **Höhe der Zahlungsverweigerung** muss § 641 III beachtet werden. Danach ist ein Druckzuschlag des Doppelten der Nacherfüllungskosten möglich. Das Gesetz bringt ferner durch das Wort „mindestens" zum Ausdruck, dass im Einzelfall ein höherer Druckzuschlag gerechtfertigt sein kann. Dies hätte der Besteller allerdings zu beweisen. Im vorliegenden Fall liegen die Kosten, die zur Nachbesserung aufgewendet werden müssen, bei 10.000 Euro. Das Doppelte davon beträgt 20.000 Euro. G kann nicht darlegen, wieso ein darüber hinausgehender Druckzuschlag erforderlich ist. Folglich kann er 20.000 Euro zurückhalten. Die darüber hinausgehende Summe muss er sofort zahlen.

Ergebnis: A hat gegen G einen Anspruch auf Zahlung des Werklohns in Höhe von 100.000 Euro, 20.000 Euro davon jedoch nur Zug um Zug gegen Nachbesserung des Werkes.

Fall 9

Sachverhalt

V vermietet M ein renoviertes Häuschen am Philosophenweg in Heidelberg. Im Erdgeschoss findet sich eine Ladenfläche, in der M einen Souvenirshop zum Andenken an das Treffen des „philosoForums" einrichtet. Im Obergeschoss zieht M in eine kleine Wohnung. Auf einen schriftlichen Mietvertrag wird verzichtet. Beide Seiten sind sich aber einig, dass der Vertrag mindestens ein Jahr laufen soll. Einige Zeit später, im März 2013, verkauft V das Häuschen an den E. Davon wird M unterrichtet.

Inzwischen hat M einen zweiten Souvenirshop in der Stadtmitte eröffnet. Den ersten Souvenirshop leitet daher von nun an sein Bruder B. Zudem mietet sich B am 1. August 2013 in die Wohnung ein. M bleibt aber „Boss" des Ladens. E erfährt von alledem nichts. Im September 2013 brennt der Shop nieder. Grund ist, dass bei der Renovierung des Hauses keine einzige Stromleitung isoliert wurde. Die Flammen schlagen auch auf die Wohnung über, zwei Schränke verbrennen. Zudem wird B verletzt, er muss ambulant behandelt werden.

Frage 1: Kann B Schadensersatz für die Verletzung am Körper und die beiden Schränke sowie Schmerzensgeld verlangen?

Frage 2: Welche Ansprüche hat M gegen E?

Lösung
Frage 1

I. Anspruch des B gegen M auf Schadensersatz aus §§ 549 I i.V.m. 536 a I, 536

B könnte gegen M einen Anspruch auf Schadensersatz für die Verletzung am Körper und die verbrannten Schränke aus §§ 549 I i.V.m. 536 a I, 536 haben.

1. Dazu müsste zunächst zwischen M und B ein **wirksames Mietverhältnis** bestehen. B ist am 1. August 2013 in die Wohnung eingezogen. Fraglich ist, ob B als Bruder und damit Familienmitglied einen Untermietvertrag benötigt. Dies kann jedoch dahingestellt bleiben, weil laut Sachverhalt ein Mietvertrag vorliegt. Damit wurde B Untermieter des M.

a) Fraglich ist jedoch, ob dieser Untermietvertrag wegen § 540 I unwirksam ist. M hatte nicht die Erlaubnis des Vermieters E zur Untervermietung gemäß § 540 I. Eine fehlende Erlaubnis **beeinträchtigt jedoch nicht die *Wirksamkeit* des privatautonom geschlossenen Untermietvertrages.** Folglich ist der Untermietvertrag wirksam zwischen B und M geschlossen.

b) M müsste jedoch *seinerseits* wirksam die Wohnung von V gemietet haben. Problematisch ist, dass der Vertrag zwischen V und M nicht schriftlich geschlossen wurde. Jedoch erlaubt § 550 S. 1 einen **mündlichen Vertragsschluss**, wenn der Vertrag – was hier vorliegt – länger als ein Jahr gelten soll. Damit haben M und V einen wirksamen Mietvertrag geschlossen, der nach § 566 I auch gegenüber E gilt.

2. Weiterhin müsste die Mietsache bereits bei Vertragsschluss einen **Mangel** gemäß §§ 549 I i.V.m. 536 a I, 536 I gehabt haben. Ein Mangel ist die Abweichung der Ist-Beschaffenheit von der Soll-Beschaffenheit, wodurch die Tauglichkeit der Mietsache zum vertraglichen Gebrauch in nicht unerheblicher Weise gemindert oder aufgehoben ist. **Dabei reicht es aus, wenn der Mangel latent vorhanden war, folglich ursächlich wurde für einen später eingetretenen Schaden.** Die fehlende Isolierung der Stromleitung kann jederzeit zu einem Funkenschlag und damit zu einem solchen Schaden führen. Es liegt also eine **Gefahr** vor. Folglich kann die Mietsache nicht wie vertraglich vereinbart gefahrlos gebraucht werden. Eine Kenntnis des Mieters von dem Mangel ist nicht erforderlich. Somit ist die Tauglichkeit in nicht unerheblicher Weise gemindert. Folglich liegt eine Abweichung der Ist- von der Soll-Beschaffenheit, mithin ein Mangel vor. Dieser Mangel entstand bei der Renovierung des Hauses, also schon vor Vertragsschluss.

3. Ein **Verschulden** ist bei der Garantiehaftung des § 536 a I nicht erforderlich.

4. Fraglich ist jedoch, ob die Schäden des B von **der Haftung des § 536 a I erfasst** werden. B macht Schäden an zwei verbrannten Schränken und an seinem Körper geltend, mithin nicht Schäden an der Mietsache. Es könnte sich nicht um Mangelschäden, sondern um **Mangelfolgeschäden** handeln. Mangelfolgeschäden sind diejenigen Nachteile, die der Gläubiger durch die Mangelhaftigkeit des Vertragsgegenstandes an seinen anderen Rechtsgütern erleidet. Dies ist bei den verbrannten Schränken und dem Körperschaden bei B der Fall.

Umstritten ist, ob auch Mangelfolgeschäden unter § 536 a I fallen.

a) Nach einer Ansicht erfasst § 536 a I auch Mangelfolgeschäden (ganz herrschende Ansicht, vgl. Wenzel/Wilken, Schuldrecht BT 1, 6. Auflage 2010, Rdnr. 1402). Begründet wird dies mit der **Schutzbedürftigkeit** des Mieters. Der Mieter könne die Wohnung und die im Haus verbauten Leitungen, Träger, Rohre usw. nicht begutachten. Dies läge in der Sphäre des Vermieters. Durch einen Mangel treten häufig aber auch Schäden an anderen Rechtsgütern auf, da in einer Mietwohnung eigene Möbel und anderes stehen. Diese Schäden müssten ersatzfähig sein. Folglich müsste M haften.

b) Dagegen meint eine andere Ansicht, § 536 a I erfasse die Mangelfolgeschäden nicht (vgl. Münchener Kommentar / Voelskau: § 538, Rdnr. 13). Die Vorschrift sei **restriktiv auszulegen**. Da kein Verschulden für eine Haftung notwendig ist, könne nur der Erfüllungsschaden ersatzfähig sein. Das Integritätsinteresse bezüglich anderer Rechtsgüter könne nur bei Vertretenmüssen über § 280 ersetzt werden. Folglich müsste M hier nicht haften.

c) Für eine Einbeziehung der Mangelfolgeschäden in § 536 a I spricht zum einem der **Mieterschutz**. Die Garantiehaftung, die der Gesetzgeber sehr selten im Haftungssystem des BGB vorgesehen hat, darf **nicht durch die Hintertür einer restriktiven Auslegung wieder in ihrer Anwendung verkürzt** werden. Dafür spricht aus die Historie: Die frühere Beschränkung des § 538 I (alter Fassung) auf „Schadensersatz wegen Nichterfüllung" ist ersetzt worden durch „Schadensersatz". Dies zeigt, dass der Gesetzgeber die Haftung des § 536 a I nicht auf bestimmte Schäden beschränken wollte.

Damit sind die Schäden des B von der Haftung des § 536 a I erfasst.

Ergebnis: B hat einen Anspruch gegen M auf Schadensersatz für die Verletzung am Körper und die verbrannten Schränke aus §§ 549 I i.V.m. 536 a I, 536. Weiterhin kann B eine billige Entschädigung für seine erlittenen Schmerzen aus § 253 II verlangen (Schmerzensgeld).

II. Anspruch des B gegen M auf Schadensersatz aus § 823 I

B könnte gegen M auch einen Anspruch auf Schadensersatz für die Verletzung am Körper und die verbrannten Schränke aus § 823 I haben.

1. Dazu müsste zunächst eine **Rechtsgutverletzung** bei B vorliegen. Die verbrannten Schränke standen in seinem Eigentum. Zudem wurde der Körper des B verletzt. Damit liegt eine Verletzung der Rechtsgüter Eigentum und Körper vor.

2. Es müsste eine **Verletzungshandlung** des M vorliegen. M hat nicht gehandelt. Er könnte jedoch etwas unterlassen hat. Unterlassen fällt nur in den Schutzbereich des § 823 I, wenn eine Pflicht zur Handlung bestand. Hier könnte sich eine solche Pflicht des M aus der allgemeinen Verkehrssicherungspflicht ergeben. **Danach ist derjenige, der eine Gefahrenquelle beherrschen kann, zur Schadensverhütung gegenüber jedermann verpflichtet.** M konnte jedoch bei der Renovierung des Hauses nicht auf die Isolierung der Leitungen achten, da er zu diesem Zeitpunkt noch nicht Mieter war.
Ergebnis: B hat keinen Anspruch gegen M auf Schadensersatz für die Verletzung am Körper und die verbrannten Schränke aus § 823 I.

III. Anspruch des B gegen E auf Schadensersatz aus §§ 549 i.V.m. 536 a I, 536 I, 566 I, 311 III 1

B könnte gegen E einen Anspruch auf Schadensersatz für die Verletzung am Körper und die Schränke aus §§ 549 i.V.m. 536 a I, 536 I, 566 I, 311 III 1 haben.

1. Dazu müsste zunächst zwischen B und E ein **wirksames Mietverhältnis** bestehen. Ein Mietvertrag zwischen diesen beiden Personen liegt nicht vor. Jedoch könnte B in den Mietvertrag des M mit V, in den E eingetreten ist, einbezogen sein. Dies würde sich bemessen nach den Grundsätzen des Vertrages mit Schutzwirkung für Dritte, der eine Ausprägung in § 311 III 1 gefunden hat.

2. Zunächst müsste aber E wirksam **in den Mietvertrag des M eingetreten** sein. V hat das Haus zu einer Zeit an E veräußert, als M bereits Mieter war. Der Kauf des E bricht daher nicht die Miete, vielmehr besteht der Mietvertrag nach § 566 I fort. Folglich ist E wirksam in den Mietvertrag mit M eingetreten.

3. Weiterhin müsste B in den **Schutzbereich des Mietvertrages** einbezogen sein. Die Voraussetzungen des Vertrages mit Schutzwirkung zugunsten Dritter lauten: Schuldnernähe, Gläubigernähe, Erkennbarkeit und Schutzbedürftigkeit.

a) Zunächst müsste B in gleicher Weise mit der zu erbringenden Leistung in Berührung kommen wie der Mieter (**Schuldnernähe**). M hat die Wohnung dem B überlassen. Damit kommt B in gleicher Weise mit der Mietsache in Berührung wie M. Folglich liegt Schuldnernähe vor.

b) Weiterhin müsste Gläubigernähe gegeben sein. Dies bedeutet, das B eine Beziehung zum Gläubiger M haben muss. Früher arbeitete das Reichsgericht mit der *„Wohl-und-Wehe"* - Formel. Danach muss der Gläubiger für das Wohl und Wehe des Dritten verantwortlich und zu Schutz und Fürsorge verpflichtet sein. Bei personenrechtlichen Beziehungen **kann diese Formel bis heute angewandt werden**. B ist der Bruder des M. Darüber hinaus führt B den Souvenirshop des M weiter. Folglich ist der Gläubiger M für das Wohl und Wege des B verantwortlich. Es liegt also Gläubigernähe vor.

c) Schließlich müsste der Einbezug des B in den Vertrag für E **erkennbar** gewesen sein. Es ist davon auszugehen, dass E (wie auch V) nichts von mehr Einzug des B in die Wohnung und den Laden wusste.

d) Selbst wenn es aber eine erkennbare Einbeziehung des S in den Vertrag gegeben hätte, müsste B – als vierte Voraussetzung des Vertrages mit Schutzwirkung für Dritte – **schutzbedürftig** sein. Schutzbedürftig wäre B, wenn er keine anderen vertraglichen Ansprüche gegen einen Dritten geltend machen könnte. Hier kann B jedoch vertraglich gegen M vorgehen (siehe oben I.). Damit fehlt die Schutzbedürftigkeit des B.
Folglich ist B nicht in den Vertrag des M mit E einbezogen.

Ergebnis: B hat gegen E keinen Anspruch auf Schadensersatz für die Verletzung am Körper und die Schränke aus §§ 549 i.V.m. 536 a I, 536 I, 566 I, 311 III 1.

IV. Anspruch des B gegen E auf Schadensersatz aus § 823 I

B könnte gegen E auch einen Anspruch auf Schadensersatz für die Verletzung am Körper und die verbrannten Schränke aus § 823 I haben.

1. Eine Verletzung der **Rechtsgüter** Eigentum und Körper bei B liegt vor.

2. Es müsste eine **Verletzungshandlung** des E gegeben sein. Ein aktives Tun fehlt. Fraglich ist, ob ein Unterlassen des E in Betracht kommt. E hat das Haus in renoviertem Zustand gekauft. Er ist nicht verpflichtet, über die üblichen Kontrollarbeiten hinaus, die bauliche Beschaffenheit zu überprüfen. Eine Pflicht zum Handeln kann daher nicht angenommen werden (andere Ansicht vertretbar). Folglich scheidet eine Verletzungshandlung aus.

Ergebnis: B hat gegen E keinen Anspruch auf Schadensersatz für die Verletzung am Körper und die verbrannten Schränke aus § 823 I.

Frage 2

I. Anspruch des M gegen E auf Schadensersatz für die Ladeneinrichtung aus §§ 536 a I, 536

M könnte gegen E einen Anspruch auf Schadensersatz für die Laden-einrichtung aus §§ 536 a I, 536 haben.

1. Ein wirksamer **Mietvertrag** zwischen M und V, in den E eingetreten ist, liegt vor.
2. Ein **Mangel** gemäß § 536 a I ist gegeben (siehe dazu bereits oben).

3. Fraglich ist aber, ob E, der **in den Vertrag eingetreten** ist, auch für den anfänglichen Mangel der fehlenden Isolierung bei den Stromleitungen haften muss.

a) Nach einer Ansicht fallen **anfängliche Mängel**, die vor dem Eintritt des neuen Vermieters in den Mietvertrag entstanden sind, aus der Haftung heraus. Der neue Vermieter könne nicht für Schäden haften, die zufällig zu dem Zeitpunkt entstehen, wenn er bereits in den Vertrag eingetreten ist. Etwas anderes solle nur für Mängel gelten, die zum Zeitpunkt des neuen Vermieters erstmals auftreten und die auch dann einen Schaden verursachen. Damit müsste E nicht haften.

b) Nach anderer Ansicht reicht es für eine Haftung aus, wenn der Schadensersatzanspruch **nach Eintritt in den Mietvertrag** *entstanden* ist. Dies diene dem Schutz des Mieters. Dieser sollte nicht durch einen Vermieterwechsel in seinen Rechten beschnitten werden. E würde also haften.

c) Die teleologische Auslegung des § 566 stützt das Ergebnis der zweiten Ansicht. Der **Mieter darf durch die Veräußerung des Mietobjekts nicht einen Anspruch verlieren, die ihm sonst erhalten bliebe.** Ein hoher Mieterschutz ist vom Gesetzgeber gewollt. Damit muss E also haften.

4. Ein Schaden bei der Ladeneinrichtung des M liegt vor.

Ergebnis: M hat gegen E einen Anspruch auf Schadensersatz für die Ladeneinrichtung aus §§ 536 a I, 536.

II. Anspruch des M gegen E wegen der Schäden des B aus §§ 549 I i.V.m. 536 a I, 536 I

M könnte gegen E einen Anspruch wegen der Schäden des B aus §§ 549 I i.V.m. 536 a I, 536 haben. M haftet dem B für dessen Schäden aus §§ 549 I i.V.m. 536 a I, 536 (siehe Frage 1, I.). Dieser Schaden des M ist ein Mangelfolgeschaden. Der Mangelfolgeschaden ist ersatzfähig in § 536 a I (siehe Frage 1, I.), und da E dem M alle Schäden ersetzen muss, hat M einen Anspruch auf Ersatz dieses Schadens.

Ergebnis: M hat gegen E einen Anspruch auf Freistellung jener Schäden, die B aus §§ 549 I i.V.m. 536 a I, 536 gegen ihn geltend macht, aus § 249.

Sachverhalt

Der frischgebackene Rechtsanwalt R ist nach zwei juristischen Staatsexamina körperlich ausgebrannt und fliegt in ein 5-Sterne Hotel in der Karibik, um sich dort bei Sonne, Meer und Merengue zu erholen. Nach seiner Rückkehr erfährt er, dass sein Mandant M weniger Glück mit seiner Urlaubsreise hatte. M hatte über das Internet beim Reiseveranstalter V eine zweiwöchige Pauschalreise „für Tauchbegeisterte mit Tauchkurs" ab Flughafen Frankfurt nach Ägypten für 1000 Euro gebucht und den Reisepreis sofort gezahlt. Auf dem Weg vom Flughafen ins Hotel wird einer seiner beiden Koffer aus dem Transferbus gestohlen, und krankheitsbedingt fiel der Tauchkurs aus. M beschwert sich sofort bei der Reiseleitung und bat darum, dass man die Mängel behebe. Es geschieht nichts.

M möchte nach seiner Rückkehr von R wissen, welche vertraglichen Ansprüche er gegen den Reiseveranstalter hat.

Lösung

I. Anspruch des M gegen V auf Rückerstattung eines Anteils des Reisepreises aus §§ 651 d I 2, 638 IV 1.

1. M könnte gegen den Reiseveranstalter V einen **Rückzahlungsanspruch** aus §§ 651 d I 2, 638 IV 1 haben.

2. Dazu müsste ein **Reisevertrag** zwischen den Parteien vereinbart worden sein. Durch einen Reisevertrag wird der Reiseveranstalter verpflichtet, dem Reisenden eine Gesamtheit von Reiseleistungen gegen Zahlung des vereinbarten Reisepreises zu erbringen (vgl. § 651 a I). M hat mit V einen solchen Vertrag geschlossen.

3. Der **Reisepreis** müsste sich nach § 651 d I **gemindert** haben. Dies ist der Fall, wenn die Reise mangelhaft war. Nach § 651 c I ist der Reiseveranstalter verpflichtet, die Reiseleistung so zu erbringen, dass sie die zugesicherten Eigenschaften hat und nicht mit Fehlern behaftet ist, die den Wert oder die Tauglichkeit zu dem gewöhnlichen oder dem nach dem Vertrag voraus-

44

gesetzten Nutzen aufheben oder mindern. Ein Fehler ist eine für den Reisenden ungünstige Abweichung vom versprochenen Vertragsprogramm. **Vorliegend kommen unterschiedliche Ansätze für Mängel in Betracht.**

a) Die Tatsache, dass ein Teil des Gepäcks auf dem Weg vom Flughafen zum Hotel **gestohlen** wurde, könnte einen Reisemangel darstellen. Unter Reisemangel sind alle nicht in der Person des Reisenden liegende Umstände zu fassen, die die Gesamtreise stören. Einen Urlaub ohne das mitgenommene Gepäck verleben zu müssen, trübt das Urlaubserlebnis. Folglich liegt ein Reisemangel vor.

b) Der **krankheitsbedingt ausgefallene Tauchkurs** stellt ebenfalls eine Abweichung vom vertraglich vereinbarten Programm dar. Die von M gebuchte Reise trägt bereits den Namen „für Tauchbegeisterte mit Tauchkurs". Dies zeigt deutlich, dass der versprochene Tauchkurs ein integraler Bestandteil der Reise sein sollte. Der fehlende Tauchkurs stellt damit einen **Reisemangel** dar.

4. Aus § 651 d II ergibt sich, dass die Minderung voraussetzt, dass der **Reisende den Mangel angezeigt** hat. M hat bei der Reiseleitung gerügt, dass ihm das Gepäck gestohlen wurde und dass der Tauchkurs nicht stattfindet. Eine Abhilfe ist nicht erfolgt.

5. Die Voraussetzungen der **Minderung** liegen vor. Die Minderung tritt **automatisch** nach Maßgabe des § 638 III ein, wie § 651 d I 1 normiert. Bei der Minderung ist die Vergütung in dem Verhältnis herabzusetzen, in welchem zur Zeit des Vertragsschlusses der Wert der Reise in mangelfreiem Zustand zu dem wirklichen Wert gestanden haben würde (vgl. § 638 III). **Den neuen, geminderten Reisepreis erhält man, wenn man den Wert der mangelhaften Reise mit dem ursprünglich verlangten Reisepreis multipliziert und das Produkt dann durch den Wert der Reise ohne Mangel teilt.** Da sich der mangelfreie Wert der Reiseleistung und der zu zahlende Reisepreis in der Regel decken, werden die Abschläge, die durch Reisemängel entstehen, prozentual bestimmt. In der Praxis orientiert man sich häufig an der vom LG Frankfurt entwickelten Tabelle, sogenannte „**Frankfurter Tabelle**".

Es kann also eine **Schätzung** erfolgen (siehe auch § 638 III 2). Die Höhe des Prozentsatzes richtet sich bei Rahmensätzen nach der Intensität der Beeinträchtigung. Diese ist in der Regel unabhängig von den Eigenschaften des einzelnen Reisenden (Alter, Geschlecht, besondere Empfindlichkeit, besondere

Unempfindlichkeit). Geringfügige Beeinträchtigungen bleiben außer Betracht. Bei **Vorliegen mehrerer Mängelpositionen werden die Prozentsätze addiert**. Es gibt allerdings auch Obergrenzen. Nur wenn die Reise in ihrer Gesamtheit durch Mängel einzelner Reiseleistungen oder durch Pflichtverletzungen des Reiseveranstalters schuldhaft erheblich beeinträchtigt worden ist, können die Minderungssätze bis zum vollen Reisepreis steigen. Vorliegend wird man davon ausgehen können, dass der fehlende Tauchkurs einen deutlichen Mangel darstellt, da die Reise als „Reise für Tauchbegeisterte" verkauft worden war. Ein Abschlag von 30 % erscheint angemessen. Das fehlende Gepäck schlägt mit einer Minderung von 10b% zu Buche[1].

Insgesamt hat sich der von M geschuldete Reisepreis also um 40 % verringert. Statt 1.000 Euro schuldet M nur noch 600 Euro. 400 Euro erhält er vom Veranstalter zurück.

Ergebnis: M hat gegen den Reiseveranstalter V einen Rückzahlungsanspruch in Höhe von 400 Euro aus §§ 651 d I 2, 638 IV 1.

II. Anspruch des M gegen V auf Schadensersatz wegen Nichterfüllung aus § 651 f I

M könnte gegen V einen Anspruch auf Schadensersatz wegen Nichterfüllung aus § 651 f I haben.

1. Ein solcher **Schadensersatzanspruch** ist nach § 651 f I ausdrücklich unbeschadet einer Minderung möglich.

2. Für einen Schadensersatzanspruch aus § 651 f I sind zunächst die **Voraussetzungen** zu prüfen, die auch für eine Minderung vorliegen müssen. Dies ergibt sich aus dem Wortlaut „unbeschadet". Die Voraussetzung der Minderung, also ein Reisemangel, der dem Veranstalter angezeigt worden ist, liegt vor.

3. Weiterhin muss der Reiseveranstalter **den Mangel zu vertreten** haben. Zu vertreten sind gemäß § 276 I Vorsatz und Fahrlässigkeit. Ein Vertretenmüssen

---

[1] In der Klausur ist es **nicht** wichtig, die genauen Prozentzahlen der „Frankfurter Tabelle" veranschlagt zu haben. Es geht lediglich um die **Tendenz**, ob der Klausurbearbeiter den Mangel als bedeutend oder weniger bedeutend einschätzt und seine Kriterien offen legt. Mehr wird nicht erwartet.

des Reiseveranstalters wird nach § 651 f I Hs.2 vermutet. Der Veranstalter kann allerdings einen **Entlastungsbeweis** führen.

a) Hinsichtlich des Diebstahls des Koffers hat der Reiseveranstalter selbst weder vorsätzlich noch fahrlässig gehandelt. Er muss sich nach § 278 allerdings **das Verschulden von Erfüllungsgehilfen zurechnen lassen.** Erfüllungsgehilfen sind Personen, die für den Geschäftsherrn mit dessen Wissen und Willen in seinem Pflichtenkreis tätig sind. **Die Fahrer und das Gepäckpersonal werden im Pflichtenkreis des Reiseveranstalters tätig und sind dessen Erfüllungsgehilfen.** Indem sie nicht verhindern konnten, dass das Gepäck gestohlen wurde, haben sie die im Verkehr erforderliche Sorgfalt nicht beachtet und handelten fahrlässig im Sinne des § 276 II. Diese Fahrlässigkeit ist dem Reiseveranstalter nach § 278 zuzurechnen. Ein Entlastungsbeweis gelingt ihm nicht.

b) Was den fehlenden Tauchkurs angeht, so hat der Reiseveranstalter versäumt, Ersatzkräfte zu beschäftigen, um den Tauchkurs stattfinden zu lassen. Der Reiseveranstalter hat nicht substantiiert dargetan, wieso ihn diesbezüglich kein Verschulden trifft. Er kann den Entlastungsbeweis nicht führen und hat daher das Fehlen des Tauchkurses zu **vertreten.**

4. M müsste einen **Vermögensschaden** erlitten haben. § 651 f I umfasst alle Mangel- und Mangelfolgeschäden, auch Eigentumsverletzungen. Dies gilt vor allem für das Gepäck des Reisenden, für das der Veranstalter bei Verlust oder Beschädigung einzustehen hat. Hinsichtlich des fehlenden Tauchkurses besteht der Schaden darin, dass der Reisepreis den Tauchkurs enthielt, obwohl dieser nicht stattfand.

Ergebnis: M kann vom Reiseveranstalter Ersatz für sein gestohlenes Reisegepäck und den fehlenden Tauchkurs aus § 651 f I verlangen.

III. Anspruch des M gegen V auf Schadensersatz wegen entgangener Urlaubsfreude gemäß § 651 f II
M könnte gegen V einen Anspruch auf Schadensersatz wegen entgangener Urlaubsfreude aus § 651 f II haben.

1. Einen **Reisevertrag** haben M und V geschlossen.

47

2. Die Reise müsste nach § 651 f II erheblich beeinträchtigt gewesen sein. M hat eine Reise für Tauchbegeisterte mit Tauchkurs gebucht und eine Reise ohne Tauchkurs erhalten. Der Tauchkurs war wichtiger Bestandteil der Reiseleistung. Folglich war sein Fehlen hinsichtlich der von V zu erbringenden Gesamtreiseleistung erheblich.

3. M müsste nach § 651 f II Urlaubszeit **nutzlos aufgewendet** haben. Für die Nutzlosigkeit ist entscheidend, ob und inwieweit der mit dem Urlaub verfolgte Erholungszweck erreicht wird. **Problematisch ist, dass M sich während seiner Urlaubszeit trotzdem erholen kann.** Durch den fehlenden Tauchkurs wird sein Urlaub zwar stark beeinträchtigt, der Erholungswert wird aber nicht vollständig beseitigt. Man kann nicht davon sprechen, dass sein Urlaub nutzlos war [**andere Lösung gut vertretbar**, wenn man darauf abstellt, dass sich M gerade beim Tauchen erholen wollte, wegen des fehlenden Tauchkurses diese Art der Erholung nicht möglich war und daher der Erholungszweck nicht erreicht wurde].

Ergebnis: M hat gegen V keinen Anspruch auf Schadensersatz wegen entgangener Urlaubsfreude aus § 651 f II.

Sachverhalt

A ist Autor von Juristischen Grundkursen im Richter-Verlag. Zur Erstellung der Lehrbücher benötigt er einen Laptop. Wegen des günstigen Preises seiner Bücher sind die Einnahmen des A allerdings nicht so üppig, dass er sich einen Laptop kaufen könnte. Die Computerfirma X-GmbH bietet ihm daher an, einen Laptop zu leasen. Dabei verweist die X-GmbH auf die L-Bank, mit der sie bei solchen Geschäften schon oft zusammengearbeitet hat. Man würde den Laptop an die L-Bank verkaufen und die L-Bank würde den Laptop anschließend A zur Verfügung stellen. Kurze Zeit später schließen A und die L-Bank einen „Mietvertrag". Darin heißt es unter anderem:

„§ 9. Der Mieter trägt die Gefahr des zufälligen Untergangs, Verlusts, Diebstahls und der Beschädigung der Sache. Sollten die genannten Umstände eintreten, entbindet dies den Mieter nicht von der Zahlungspflicht.
§ 10. Die L-Bank haftet dem Kunden für Ansprüche jeder Art nur in dem Umfang, in dem sie mit dem Abschluss des Mietvertrages ihre eigenen Ansprüche gegen den Lieferanten abtritt."

A zahlt acht der vereinbarten 25 Monatsmieten. Dabei fordert er immer wieder die Lieferung des versprochenen Grafikprogramms. Ohne das Grafikprogramm kann er keine Bücher erstellen. Ferner beanstandet A, dass die Tastatur nicht, wie vereinbart, ein EURO-Zeichen aufweist. Als Mitarbeiter der X-GmbH das Grafikprogramm in der Wohnung des A installieren wollen, klappt dies mehrmals nicht. A kündigt darauf an, nichts mehr zahlen zu wollen. Daraufhin nehmen die entnervten Mitarbeiter der X-GmbH alle Disketten, die zur Aufladung des Grafikprogramms notwendig sind, wieder mit. Sie verweigern die Herausgabe.

Frage 1: Hat die L-Bank einen Anspruch auf Zahlung der weiteren Leasingraten?

Frage 2: Kann A die bisher gezahlten Raten zurückverlangen?

Anspruch der L-Bank gegen A auf Zahlung der weiteren Leasingraten aus § 535 II

Die L-Bank könnte gegen A einen Anspruch aus § 535 II auf Zahlung der weiteren Leasingraten haben.

1. Dazu müsste zunächst ein **Leasingvertrag** vorliegen. Hier haben die Parteien eine Vereinbarung als „Mietvertrag" abgeschlossen. Es kommt jedoch nicht auf die Bezeichnung eines Vertrages, sondern auf seinen Inhalt an. Hier wählt A den Laptop beim Lieferanten (der X-GmbH) aus und die L-Bank schafft ihn durch Kauf an. Dies ist typisch für einen Leasingvertrag. Die **lange Laufzeit** von 25 Monaten spricht für ein Finanzierungsleasing. Damit liegt ein Leasingvertrag vor.

2. Umstritten ist die Rechtsnatur des Finanzierungsleasingvertrages.

a) Einige wollen auf den Vertrag **Kaufrecht gemäß § 433 anwenden**, weil die Gefahrtragungs- und Unterhaltspflicht wie auch beim Kauf den Leasingnehmer trifft. Dagegen spricht aber, dass im Vordergrund des Vertrages die Gebrauchsüberlassung auf Zeit steht.

b) Es könnte daher die Einordnung als **Mietvertrag** gemäß § 535 mit atypischer Gefahrtragungs- und Unterhaltspflichtenregelung vorzuziehen sein. Hier steht die Gebrauchsüberlassung auf Zeit gegen Entgelt im Vordergrund. Folglich ist auf den hier vorliegenden Leasingvertrag Mietrecht anzuwenden.

3. A könnte den Leasingvertrag jedoch nach §§ 495 I, 355 **widerrufen** haben.

a) Dazu müsste zunächst der Leasingvertrag einen **Verbraucherdarlehensvertrag** darstellen. Das hier vorliegende Finanzierungsleasing fällt als **„sonstige entgeltliche Finanzierungshilfe"** unter § 499 I. Damit sind die Bestimmungen zum Verbraucherdarlehensvertrag sachlich anwendbar.

b) Weiterhin müsste A **Verbraucher** nach § 13 und die L-Bank **Unternehmerin** nach § 14 sein. Die L-Bank handelt im Rahmen ihrer gewerblichen Tätigkeit und ist daher Unternehmerin nach § 14. A braucht den Laptop für seine Tätigkeit als Autor der „Juristischen Grundkurse" im Richter-Verlag. Dies stellt eine selbständige berufliche Tätigkeit dar. Damit ist A kein Verbraucher nach § 13.

Folglich ist der persönliche Anwendungsbereich der Vorschriften zum Verbraucherdarlehen nicht eröffnet.

Somit liegt ein Widerruf des Leasingvertrages nach §§ 495 I, 355 nicht vor.

4. Der **Mietzinsanspruch** könnte jedoch **entfallen** sein, wenn A vom Kaufvertrag mit der L-Bank mit der X-GmbH gemäß §§ 437 Nr. 2, 323 I, 346 I zurückgetreten ist. Dazu bedarf es einer Rücktrittserklärung und eines Rücktrittsgrundes (vgl. OLG Frankfurt, RÜ 2009, 215).

a) A hatte gegenüber den Mitarbeitern der X-GmbH **erklärt**, er wolle nichts mehr zahlen. Dies ist als Erklärung für einen Rücktritt **auszulegen** (§§ 133, 157).

b) Zudem bedürfte es eines **Rücktrittsgrundes**. Der Laptop wurde ohne das mitbestellte Grafikprogramm geliefert. Zudem fehlte die EURO-Taste. Folglich lag ein Mangel nach § 434 I vor. Diese Pflichtverletzung war auch **nicht unerheblich**, § 323 V 2. Die **Nachbesserung**, versucht von Mitarbeitern der X-GmbH, **schlug fehl** (§ 440 S. 1 Var. 2). Folglich konnte A gegen X aufgrund der ihm von der L-Bank abgetretenen Gewährleistungsrechte (§ 10 des Vertrages) nach §§ 398, 437 Nr. 2, 323 I, 346 I zurücktreten.

c) Durch den wirksamen Rücktritt des A ist die Geschäftsgrundlage des Leasingvertrages mit der L-Bank gemäß § 313 gestört. Erforderlich ist eine **Anpassung des Leasingvertrages**. A kann ohne Grafikprogramm keine Bücher herstellen, der Laptop ist für ihn als Autor der „Juristischen Grundkurse" folglich unbrauchbar. A ist daher nicht zuzumuten, weiter Raten zu zahlen. Er müsste nach § 313 III 2 den Leasingvertrag, da es sich wegen der Anwendung des Mietrechts um ein **Dauerschuldverhältnis** handelt, kündigen.

aa) Für eine **Kündigung** bedarf es einer Erklärung und eines Kündigungsgrundes. Indem A ankündigt, nichts mehr zahlen zu wollen, erklärt er konkludent eine fristlose Kündigung.

bb) Allerdings bedarf es dazu eines **wichtigen Grundes**. In Betracht kommt § 543 II 1 Nr. 1. Dazu müsste A der Laptop nicht mangelfrei geliefert worden sein. A erhielt den Laptop ohne Anwendungsprogramm und EURO-Zeichen. Folglich liegt § 543 II Nr. 1 vor.

cc) Jedoch bedarf es bei einer solchen **Verletzung der Pflichten aus dem Leasingvertrag einer Fristsetzung** nach § 543 III 1. Hier hat A keine Frist gesetzt. Eine Fristsetzung könnte jedoch nach § 543 III 2 Nr.1 entbehrlich sein. Dazu müsste die Fristsetzung offensichtlich keinen Erfolg versprechen. A hat bereits mehrere Nachbesserungsversuche der X-GmbH erlebt. Eine weitere

Fristsetzung wäre offensichtlich erfolglos. Damit ist die Fristsetzung entbehrlich nach § 543 III 1.

dd) Folglich liegt eine **wirksame Kündigung** durch A vor. Diese Kündigung würde aber nur für die Zukunft wirken. Folglich wäre der Mietzinsanspruch für die abgelaufenen Monate nicht entfallen.

d) Dieses Ergebnis belastet den **Leasingnehmer**. A soll für die Nutzung des Laptop bezahlen, obwohl er diesen ohne Grafikprogramm gar nicht für Anfertigung der „Juristischen Grundkurse" nutzen konnte. Für Fälle dieser Art wird vertreten, § 313 III 2 nicht auf den Leasingvertrag anzuwenden. Stattdessen sollte ein **Rücktrittsrecht** nach § 313 III 1 eingeräumt werden. Aufgrund der engen Verknüpfung zwischen Leasingvertrag und Liefervertrag, die von den Parteien durch die Abtretung (§ 10 des Vertrages) herbeigeführt wird, **knüpft das Schicksal des Leasingvertrages damit an das Schicksal des Liefervertrages an** [siehe: Schmalenbach/Sester, Fortschreibung der typischen Vertragsstruktur für Leasingtransaktionen nach der Schuldrechtsreform, WM 2002, 2184, 2186]. Der Rücktritt wirkt, anders als die Kündigung, auch rückwirkend.

Folglich ist A nach § 313 III 1 zum Rücktritt vom Leasingvertrag berechtigt. Ein Festhalten am Leasingvertrag ist ihm nach seinem Rücktritt vom Kaufvertrag nicht mehr zuzumuten.

Ergebnis: Die L-Bank hat gegen A keinen Anspruch auf Zahlung der weiteren Leasingraten aus § 535 II.

Frage 2

Anspruch des A gegen die L-Bank auf Rückzahlung der bisher gezahlten acht Leasingraten aus §§ 313 III 1, 346 I

A könnte gegen die L-Bank einen Anspruch auf Rückzahlung der bisher gezahlten acht Leasingraten aus §§ 313 III 1, 346 I haben.

A ist vom Kaufvertrag zurückgetreten (§§ 398, 437 Nr. 2, 323 I; siehe unter Frage 1). Damit entfällt die Geschäftsgrundlage des Leasingvertrages. A kann folglich nach § 346 I die bereits gezahlten Leasingraten zurückverlangen.

Ergebnis: A hat gegen die L-Bank einen Anspruch auf Rückzahlung der bisher gezahlten acht Leasingraten aus §§ 313 III 1, 346 I.

Sachverhalt

Im Leben des A läuft nicht alles so, wie er es sich vorgestellt hat: Seine inzwischen volljährige Tochter T hat die Friseusenlehre abgebrochen, und seine Frau F findet als Schneiderin keinen Arbeitsplatz. Sie führt deswegen den Haushalt. A will, um die Familie weiter ernähren zu können, ein eigenes kleines Unternehmen aufbauen. Dafür benötigt er einen Kredit von seiner Bank B in Höhe von 30.000 Euro. B gewährt den Kredit nur gegen eine Bürgschaft von T und F, um Vermögensverschiebungen des A an seine Familienangehörigen zu verhindern. Für den Abschluss des Bürgschaftsvertrages besucht ein Bankangestellter T in ihrer eigenen Wohnung und erklärt ihr, sie solle unterschreiben, da sonst ihr Vater arbeitslos bleibe und die Familie nicht ernähren könne. Die von dem Besuch überraschte T unterschreibt. Für die F faxt der Bankangestellte das Formular in ihre Wohnung, F unterschreibt es einige Tage später und faxt es zurück. Ein Jahr später ist A pleite. Die B verlangt von T und F 30.000 Euro.

Zu Recht ?

Lösung

I. Anspruch der B gegen T aus §§ 765 I, 488 I

B könnte gegen T einen Anspruch auf Erfüllung der Verbindlichkeit des A aus § 765 I in Höhe von 30.000 Euro haben.

1. Eine wirksame **Hauptverbindlichkeit** des A in Form des Darlehensvertrages (§ 488 I) mit der Bank liegt vor.

2. Ein **Bürgschaftsvertrag** i.S.d. § 765 wurde zwischen B und T geschlossen. Fraglich ist, ob T die Zahlung nach Ausübung eines Widerrufsrechtes gemäß § 355 I verweigern kann. Dazu müsste ihre Bürgschaftserklärung in den **Anwendungsbereich eines Verbrauchervertrages** fallen. In Betracht kommt hier ein Haustürgeschäft nach § 312.

a) Dazu müsste T **Verbraucherin** nach § 13 sein. T schließt den Bürgschaftsvertrag nicht im Rahmen einer gewerblichen oder selbständigen beruflichen Tätigkeit. Damit ist sie Verbraucherin nach § 13.

b) B müsste **Unternehmerin** nach § 14 sein. Sie handelt im Rahmen ihrer **gewerblichen Tätigkeit.** Damit ist sie Unternehmerin nach § 14.

c) Weiterhin müsste T durch mündliche Verhandlungen **im Bereich einer Privatwohnung** zum Abschluss des Vertrages bestimmt worden sein (§ 312 I Nr.1). Hier besuchte der Bankangestellte die T zu Hause, mithin in einer Privatwohnung. Die T war von dem Besuch überrascht, folglich lag eine vorhergehende Bestellung gemäß § 312 III Nr. 1 nicht vor. Also wurde T durch mündliche Verhandlungen im Bereich einer Privatwohnung zum Abschluss des Vertrages bestimmt.

d) Schließlich müsste eine **entgeltliche Leistung** vorliegen. Fraglich ist, ob die Bürgschaft eine „entgeltliche Leistung" nach § 312 I darstellt.

aa) Nach älterer Rechtsprechung des BGH stellt die Bürgschaft **keinen entgeltlichen Vertrag** dar. Es handele sich vielmehr um einen einseitig verpflichtenden Vertrag, durch den der Bürge seinerseits keine Gegenleistung erhalte. Nur gegenseitige Verträge nach §§ 320 ff. seien Verträge über „entgeltliche Leistungen" im Sinne des § 312 I. Dafür spreche auch die **historische Auslegung**: In den Gesetzesmaterialien (zum alten § 1 I Haustür-widerrufsgesetz, jetzt § 312 I BGB) seien nur Verträge über Dienstleistungen und Warenbestellungen an der Haustür erwähnt. Damit seien Kredit-sicherungen wie die Bürgschaft nicht vergleichbar.

bb) Im Rahmen der **richtlinienkonformen Auslegung** ergibt sich jedoch, dass auch Bürgschaften von § 312 I erfasst sein müssen. Die Richtlinie 85/577/EWG „betreffend den Verbraucherschutz im Fall von außerhalb von Geschäftsräumen geschlossenen Verträgen" spricht nur von „Verträgen" und setzt deren Entgeltlichkeit nicht voraus. Dies hat der **EuGH** in der **Dietzinger-Entscheidung** [EuGH, NJW 1998, 1295] allerdings so interpretiert, dass der Bürge nur dann ein Widerrufsrecht hat, wenn nicht nur er, sondern auch der Hauptschuldner ein Verbraucher ist, und auch die Hauptschuld in einer Haustürsituation begründet worden ist (vgl. LAG Köln BKR 2003, 754).

cc) Im vorliegenden Fall müsste also eine **zweifache Haustürsituation** vorliegen: Einmal für die Bürgschaft der T und einmal für die Hauptschuld des A. A hat seine Bank um einen Kredit gebeten, folglich liegt eine Haustürsituation bei ihm nicht vor.

Damit fehlt es an einer doppelten Haustürsituation. Also kann § 312 I nicht angewendet werden, mithin besteht kein Widerrufsrecht der T nach § 355.

3. Fraglich ist jedoch, ob der **Bürgschaftsvertrag nach § 311 b II nichtig** ist. Dazu müsste sich T verpflichtet haben, künftiges Vermögen zu übertragen. Hier hat T zwar nicht ausdrücklich zugestimmt, ihr gesamtes künftiges Vermögen zu übertragen. Zu beachten ist jedoch, dass T arbeitslos ist und keine abgeschlossene Berufsausbildung hat. Es ist daher nicht zu erwarten, dass sie einmal größere Vermögenswerte wird aufbauen können. **Folglich könnte die Bürgschaft praktisch auf eine Übertragung des gesamten Vermögens hinauslaufen.** Allerdings ist dies seit Einführung des Verbraucherinsolvenz-verfahrens mit der Möglichkeit der Restschuldbefreiung (§§ 304 ff., 286 ff. InsO) nicht mehr zu erwarten. Auch eine hoffnungslose Überschuldung führt nicht mehr zu einer lebenslänglichen Haftung. Folglich ist § 311 b II nicht anwendbar, der Bürgschaftsvertrag ist nicht nichtig.

4. Möglicherweise ist die Bürgschaft aber nach § 138 wegen **Sittenwidrigkeit** nichtig. § 138 II ist lex specialis zu § 138 I und daher stets vorrangig zu prüfen. Für die Anwendung von §138 II ist allerdings ein **Äquivalenzinteresse** notwendig. Dies bedeutet, dass ein Rechtsgeschäft vorliegen muss, aus dem beide Seiten verpflichtet sind. Eine solche beiderseitige Verpflichtung fehlt bei der Bürgschaft als einseitig verpflichtendem Vertrag. In Betracht kommt jedoch § 138 I. Dazu müsste im Zeitpunkt des Vertragsschlusses ein objektiver Sittenverstoß vorliegen, der eine Partei zurechenbar ist.

a) Zunächst müsste ein **objektiver Sittenverstoß** vorliegen. Es könnte hier ein **strukturelles Ungleichgewicht der Verhandlungspositionen** gegeben sein, die zu einer außergewöhnlichen Belastung der unterlegenen Partei führt. Dies wäre hier der Fall, wenn T durch die Bürgschaft finanziell erheblich überfordert ist und weitere, der anderen Partei zurechenbaren Umstände hinzutreten, welche die Freiheit der Willensentschließung beeinträchtigen. T wird einer etwaigen Verpflichtung aus dem Bürgschaftsvertrag in keinem Fall nachkommen können. Eine Hinzurechnung des Vermögens ihrer Eltern kommt nicht in Betracht, da sie mit diesen nicht mehr in einer Wirtschafts- und Lebensgemeinschaft lebt, sondern eine eigene Wohnung hat. Folglich trifft sie die Verpflichtung alleine. Aufgrund ihrer wirtschaftlichen Situation liegt eine krasse Überforderung vor und damit eine außergewöhnliche Belastung der T als unterlegener Partei. Ein objektiver Sittenverstoß nach § 138 I ist gegeben.

b) Dieser Sittenverstoß müsste der Bank **zurechenbar** sein. Die Bank weiß, dass sich Kinder gegenüber Eltern **typischerweise in einer Situation der Unterlegenheit** befinden. Damit ist die Fähigkeit der Kinder, selbstbestimmte Entscheidungen zu Fragen der wirtschaftlichen Existenz der Eltern zu treffen, eingeschränkt. Zudem verbietet § 1618 a den Eltern, Kinder zur Übernahme einer Bürgschaft zu bewegen, deren finanzielle Leistungsfähigkeit sie bei weitem überfordert. Der Verstoß gegen § 1618 a drängt sich der Bank hier auf, zudem hat sie durch ihren Angestellten (als Vertreter, § 166 I) auch selber Druck auf T ausgeübt hat. Folglich ist der Sittenverstoß der Bank zurechenbar [vgl. BGH NJW 1994, 1341, 1342].

Daher ist die Bürgschaft sittenwidrig und gemäß § 138 I nichtig.

Ergebnis: B hat gegen T keinen Anspruch auf Erfüllung der Verbindlichkeit des A aus §§ 765 I, 488 I in Höhe von 30.000 Euro.

II. Anspruch der B gegen F aus §§ 765 I, 488 I

B könnte gegen F einen Anspruch auf Erfüllung der Verbindlichkeit des A aus §§ 765 I, 488 I in Höhe von 30.000 Euro haben.

1. Eine wirksame **Hauptverbindlichkeit** des A in Form des Darlehensvertrages mit der Bank liegt vor.

2. Der Bürgschaftsvertrag könnte wegen **Formmangels** nach §§ 766 S. 1, 125 S. 1 nichtig sein. Es liegt **Schriftform** vor.

a) Fraglich ist allerdings, ob die **Übersendung der Bürgschaftsurkunde durch Telefax** den Bestimmungen von §§ 766 S. 1, 125 S. 1 genügt. Problematisch ist hier, dass § 126 I eine „eigenhändige Unterschrift" verlangt. Auf einer Fernkopie durch Fax liegt eine solche Unterschrift nicht vor. Damit wäre er Vertrag nicht wirksam zustande gekommen.

b) Möglicherweise ist § 126 aber **teleologisch** zu reduzieren. Dafür ist die Formvorschrift nach **Sinn und Zweck** auszulegen. Bei einer Bürgschaft soll die eigenhändige Unterschrift den Bürgen warnen. Diese Warnfunktion des § 766 kommt aber auch zum Tragen, wenn, wie hier bei F, die Urkunde einige Tage nach Erhalt unterschrieben und dann zurückgefaxt wird. Es kann keinen

Unterschied machen, ob die Urkunde nach der geleisteten Unterschrift gefaxt oder per Brief verschickt wird.

c) Allerdings erschöpft sich der Formzweck des § 766 nicht allein in der **Warnfunktion.** Ziel ist daneben auch die Sicherung der **Authentizität** der Urkunde. Eine per Fax verschickte Urkunde kann leicht gefälscht werden, womit Authentizität nicht mehr gesichert ist. **Eine teleologische Reduktion des § 126 ist demnach abzulehnen.**

d) Möglicherweise wäre es F aus § 242 verwehrt, sich auf die Formnichtigkeit der Bürgschaft zu berufen. Schließlich hat sie durch die Übersendung per Telefax die **Formnichtigkeit** herbeigeführt. Allerdings hatte die Bank zuvor bereits die Urkunde an F gefaxt, weshalb bei ihr kein schutzwürdiges Vertrauen entstehen konnte. Sie musste vielmehr damit rechnen, dass die F zur Rücksendung den gleichen Weg wählen würde.

Damit ist der Bürgschaftsvertrag wegen Formmangels nach §§ 766 S. 1, 125 S. 1 nichtig.

Ergebnis: B hat gegen F keinen Anspruch auf Erfüllung der Verbindlichkeit des A aus §§ 765 I, 488 I in Höhe von 30.000 Euro.

Sachverhalt

A und B wollen ein Hotel als offene Handelsgesellschaft betreiben. Ohne Einwilligung des B kauft A noch vor Eintragung in das Register und vor dem geplanten Geschäftsbeginn im Namen der „A & B Hotel oHG" von V Fitnessgeräte für den Fitnessraum des Hotels für 20.000 Euro. Als B von dem Auftrag erfährt, trennt er sich von seinem Geschäftspartner. Von wem kann V sein Geld verlangen?

Lösung

I. Anspruch des V gegen die „A & B Hotel oHG" aus § 433 II BGB, 124 I HGB

V könnte gegen die „A & B Hotel oHG" einen Anspruch auf Zahlung des Kaufpreises für die Fitnessgeräte aus § 433 II haben. Dazu müsste eine offene Handelsgesellschaft bestehen und diese wirksam verpflichtet worden sein.

1. Das Vorliegen einer **offenen Handelsgesellschaft** nach § 105 I HGB setzt zunächst einen wirksamen Gesellschaftsvertrag voraus, der auf den Betrieb eines Handelsgewerbes gerichtet ist. Ein Handelsgewerbe liegt nach § 1 II HGB vor, wenn der Betrieb nach Art und Umfang kaufmännische Einrichtungen erfordert. A und B haben sich geeinigt, dass sie ein Hotel betreiben wollen. Beim Betrieb eines Hotels ist eine umfangreiche Buchhaltung erforderlich und damit handelt es sich um ein Gewerbe, das nach Art und Umfang kaufmännischen Einrichtungen bedarf. Fraglich ist, ob es schädlich ist, dass das Hotel **noch gar nicht betrieben** wird. Nach dem Wortlaut des § 105 I HGB reicht es aus, dass der Betrieb **auf ein Handelsgewerbe** *gerichtet* ist.

2. Die oHG müsste **nach außen wirksam geworden** sein. Dies ist nach § 123 I HGB der Fall, wenn sie im Handelsregister eingetragen ist. Eine Handelsregistereintragung fehlt vorliegend. Daher ist die Gesellschaft nicht nach § 123 I HGB nach außen wirksam geworden. Es könnte allerdings eine Wirksamkeit nach § 123 II HGB in Betracht kommen. Dazu müsste die Gesellschaft, die nicht kleingewerblich ist, **ihre Geschäfte bereits vor Eintragung aufgenommen haben**. Vorliegend hat A vor Eintragung Fitnessgeräte gekauft und somit erste Geschäfte getätigt. Problematisch ist allerdings, dass dies ohne Kenntnis und Willen des B geschah. Nach Sinn und Zweck des § 123 II HGB, der eine Haftungsfolge für alle Gesellschafter auslöst (§ 128 HGB), kann der

Beginn der Geschäfte nach § 123 II HGB nur mit Zustimmung aller Gesellschafter erfolgen. Das war vorliegend nicht der Fall.

Mangels Entstehen einer offenen Handelsgesellschaft kann diese auch nicht in Anspruch genommen werden.

Ergebnis: V hat gegen die „A & B Hotel oHG" keinen Anspruch auf Zahlung des Kaufpreises für die Fitnessgeräte aus § 433 II.

II. Anspruch des V gegen eine GbR bestehend aus A und B aus § 433 II

V könnte gegen eine Gesellschaft bürgerlichen Rechts bestehend aus A und B einen Anspruch auf Zahlung des Kaufpreises für die Fitnessgeräte aus § 433 II haben. Dazu müsste eine Gesellschaft bürgerlichen Rechts nach § 705 vorliegen. Eine solche Gesellschaft ist teilrechtsfähig, so dass sich ein etwaiger Anspruch direkt gegen sie richtet.

1. Einen **Gesellschaftsvertrag** haben A und B geschlossen.

2. Die Gesellschaft müsste **wirksam verpflichtet** worden sein. A hat mit V einen Kaufvertrag über die Fitnessgeräte geschlossen. Dieser Kaufvertrag müsste der Gesellschaft zuzurechnen sein.

a) Dazu müsste A die Gesellschaft wirksam gemäß § 164 I **vertreten** haben. A hat eine eigene Willenserklärung in fremden Namen, nämlich im Namen der „A & B Hotel oHG" abgegeben. Dem Vertragpartner V war klar, dass A den Rechtsträger des Unternehmens, also die Gesellschaft, verpflichten wollte. Welche Art der Personengesellschaft vorliegt, ist unerheblich. Dies ergibt sich auch aus dem Grundsatz der Identität der Personengesellschaften.

b) A müsste nach § 164 I **Vertretungsmacht** gehabt haben. Die Vertretungsmacht für eine GbR richtet sich grundsätzlich nach § 714, der auf § 709 verweist. **Nach § 709 I herrscht das Prinzip der Gesamtgeschäftsführung, was über § 714 ein Regime der Gesamtvertretung zur Folge hätte.** A und B hätten demnach nur gemeinsam Vertretungsmacht gehabt. Die GbR hätte A alleine nicht verpflichten können.
Etwas Abweichendes könnte sich indes aus dem Gesellschaftsvertrag ergeben. Obwohl in der Realität keine oHG, sondern nur eine GbR entstanden ist, war der Gesellschaftsvertrag, den A und B vereinbart hatten, auf eine oHG

gerichtet. Sie wollten sich daher den Regelungen der oHG unterwerfen. Nach § 125 HGB herrscht bei einer offenen Handelsgesellschaft das Prinzip der Einzelvertretungsmacht, das heißt jeder Komplementär kann die Gesellschaft ohne Zustimmung der anderen Gesellschafter verpflichten. Nach dem Gesellschaftsvertrag sollte vorliegend Einzelvertretungsbefugnis bestehen. Daher war A befugt, die Gesellschaft zu verpflichten.

Ergebnis: V hat gegen die Gesellschaft bürgerlichen Rechts bestehend aus A und B einen Anspruch auf Zahlung des Kaufpreises für die Fitnessgeräte aus § 433 II.

III. Anspruch des V gegen eine A und B als Gesellschafter einer GbR aus §§ 433 II BGB, 128 I HGB analog

V könnte einen Anspruch gegen A und B als Gesellschafter einer Gesellschaft bürgerlichen Rechts auf Zahlung des Kaufpreises für die Fitnessgeräte aus §§ 433 II, 128 I HGB analog haben.

1. Eine Gesellschaft bürgerlichen Rechts nach § 705 besteht (s.o.).

2. Es besteht auch eine **Verbindlichkeit** dieser Gesellschaft gegenüber V (s.o.).

3. A und B müssten für diese Verbindlichkeit **haften**. Es bestehen mehrere Möglichkeiten, eine Haftung zu konstruieren.

a) Nach der mittlerweile überholten **Doppelverpflichtungstheorie** wird angenommen, dass bei vertraglichen Verbindlichkeiten neben der Gesellschaft auch gleich alle Gesellschafter persönlich mitverpflichtet werden. Somit würden A und B persönlich haften.

b) Einen anderen Weg geht die mittlerweile auch höchstrichterlich vertretene **Akzessorietätstheorie**. Sie nimmt an, dass die Gesellschaft bürgerlichen Rechts ebenso wie die offene Handelsgesellschaft teilrechtsfähig ist. Die Gesellschafter einer BGB-Gesellschaft haften damit wie oHG-Gesellschafter für Gesellschaftsverbindlichkeiten nach § 128 I HGB analog.

c) Nach beiden Theorien haften A und B persönlich für die Gesellschaftsschulden.

Ergebnis: V hat damit einen Anspruch gegen A und B als Gesellschafter einer Gesellschaft bürgerlichen Rechts auf Zahlung des Kaufpreises für die Fitnessgeräte aus §§ 433 II, 128 I HGB analog[2].

IV. Anspruch des V gegen A und B persönlich aus §§ 433 II BGB, 128 I HGB

V könnte gegen A und B einen Anspruch auf Zahlung des Kaufpreises aus §§ 433 II BGB, 128 I HGB haben. Dazu müssten A und B Gesellschafter einer oHG sein, und diese muss wirksam verpflichtet worden sein. Eine offene Handelsgesellschaft besteht nicht (s.o.). Folglich hat V gegen A und B auch keinen Anspruch aus §§ 433 II BGB, 128 I HGB.

V. Anspruch des V gegen A und B persönlich aus §§ 433 II BGB, 128 I HGB analog

V könnte gegen A und B einen Anspruch auf Zahlung des Kaufpreises aus §§ 433 II BGB, 128 I HGB analog haben. Dazu müssten A und B Gesellschafter einer Schein-OHG sein und als solche für die Kaufpreisschuld haften.

1. Eine **Schein-OHG ist keine real existierende offene Handelsgesellschaft**, sondern sie entsteht, indem jemand den Rechtsschein einer oHG hervorruft. Für eine Haftung als Gesellschafter einer Schein-OHG muss ein Rechtsschein **zurechenbar** gesetzt worden sein, der Geschäftspartner muss gutgläubig gewesen sein sowie im Vertrauen auf den Rechtsschein gehandelt haben. Die vermeintlichen Gesellschafter der Schein-OHG können dann in Anspruch genommen werden, als seien sie tatsächlich Gesellschafter einer existierenden oHG.

2. Für eine Haftung von A und B müsste also zunächst einmal der Rechtsschein des Bestehens einer oHG gesetzt worden sein. Gegenüber V ist A im Namen der „A & B Hotel oHG" aufgetreten. Er hat also bewusst den Rechtsschein gesetzt.

---

[2] Die beiden Theorien kommen nur zu unterschiedlichen Ergebnissen, wenn etwa die Vertretungsmacht fehlt oder für gesetzliche Verbindlichkeiten gehaftet werden soll. Dann kommt nur die Akzessorietätstheorie zu einer Haftung. Ihr sollte in der Klausur gefolgt werden.

3. Dieser Rechtschein muss A und B auch **zuzurechnen** sein. Die Zurechnung hinsichtlich des A ist problemlos, da er selbst den Rechtsschein gesetzt hat. Bedenken bestehen hinsichtlich der Person des B. A wurde nämlich vor dem gemeinsam geplanten Geschäftsbeginn tätig. B wusste nichts vom Tätigwerden des A und hat dieses demnach auch nicht gebilligt. B ist folglich der Rechtsschein, den A gesetzt hat, nicht zuzurechnen.

4. Es spricht nichts dagegen, dass V nicht gutgläubig war und nicht im Vertrauen auf den von A gesetzten Rechtsschein gehandelt hat. Es obläge A, das Gegenteil zu beweisen. Dazu ist er nicht fähig.

5. A haftet damit, wie wenn er Gesellschafter einer tatsächlich bestehenden „A & B Hotel oHG" gewesen wäre. Wäre dies der Fall gewesen, hätte A die **oHG wirksam vertreten** (§ 126 I HGB) und eine Kaufpreisschuld der oHG wäre demnach entstanden. Für diese Kaufpreisschuld würde A nach § 128 HGB persönlich und unmittelbar haften.

Ergebnis: V hat einen Anspruch gegen A auf Zahlung des Kaufpreises aus §§ 433 II BGB, 128 I HGB analog.

2. Kapitel
Fälle zu gesetzlichen Schuldverhältnissen

I. Deliktsrecht

Rechtsfolge ist immer Schadensersatz im Sinne der §§ 249 ff. Vorrangig ist die Naturalrestitution (= Wiederherstellung). Mitverschulden nach § 254 beachten!

a) Haftung für Verschulden

I. Haftungsvoraussetzungen des § 823 I
1. Rechtsgutverletzung
2. Tatbestandsverwirklichung durch menschliches Verhalten
3. Haftungsbegründende Kausalität
   (zwischen Verletzungsverhalten und Rechtsgutverletzung)
4. Rechtswidrigkeit
5. Verschulden
6. Schaden beim Anspruchsteller
7. Haftungsausfüllende Kausalität
   (zwischen Rechtsgutverletzung und Schaden)
Rechtsfolge: Schadensersatz
Mitverschulden (§ 254) und Handeln auf eigene Gefahr beachten.

II. Haftungsvoraussetzungen des § 823 II i.V.m. Schutzgesetz
1. Verletzung eines Schutzgesetzes
   (das Gesetz muss den Schutz eines anderen bezwecken, insb. StGB)
2. Rechtswidrigkeit und Verantwortlichkeit
   (nicht zu prüfen, wenn unter 1. schon der subjektive Tatbestand, die Rechtswidrigkeit und die Schuld bejaht wurden)
Rechtsfolge: Schadensersatz
Mitverschulden (§ 254) und Handeln auf eigene Gefahr beachten.

III. Vorsätzliche sittenwidrige Schädigung (§ 826)
1. Sittenwidrige Handlung
2. Schaden beim Anspruchsteller
3. Haftungsbegründende Kausalität (Zurechenbarkeit)
4. Verantwortlichkeit des Täters (*Vorsatz* erforderlich!)
Rechtsfolge: Schadensersatz

IV. Amtshaftungsanspruch (§ 839 BGB i.V.m. Art. 34 GG)

1. Anspruchsgegner handelt in Ausübung eines öffentlichen Amtes (auch Beliehene)
2. Verletzung einer Amtspflicht
3. Drittbezug dieser Amtspflicht
4. Verschulden
5. Schaden beim Anspruchsgegner
6. Haftungsausfüllende Kausalität
7. Kein Haftungsausschluss nach § 839 I 2, II, III
8. Haftungskörperschaft: Anspruchsgegner

Erläuterungen und Fälle dazu im Band „Staatshaftungsrecht", Juristische Grundkurse Nr. 25.

b) Haftung für „vermutetes Verschulden"

I. Haftung für Verrichtungsgehilfen, § 831 (eigene Anspruchsgrundlage!)

1. Täter ist zur Verrichtung bestellt

   (Verrichtungsgehilfe ist, wer vom Geschäftsherrn in dessen Interesse eine Tätigkeit übertragen bekommen hat und von Weisungen des Geschäftsherrn abhängig ist)

2. Verwirklichung eines Deliktstatbestandes durch den Verrichtungsgehilfen nach §§ 823 ff.
3. in Ausführung der Verrichtung, also nicht nur bei Gelegenheit
4. Widerrechtlich (= rechtswidrig)
5. Kein Entlastungsbeweis des Geschäftsherrn (Exkulpation).
   Exkulpation gelingt,
   a) wenn Verrichtungsgehilfe sorgfältig ausgesucht worden ist,
   b) und dieser sorgfältig überwacht und instruiert worden ist;
   c) bei Großunternehmen: dezentralisierter Entlastungsbeweis
6. Schaden beim Anspruchsteller

II. Weitere Anspruchsgrundlagen: §§ 832, 833 S.2, 834, 836, 837.

c) Gefährdungshaftung = Haftung ohne Verschulden (!)

I. Halterhaftung nach § 7 StVG

1. Halter eines Kfz
2. Schaden beim Anspruchsteller
3. Keine „höhere Gewalt", § 7 II StVG
4. § 17 StVG beachten bei mehreren KfZ

II. Weitere Anspruchsgrundlagen: § 833 S.1 (Tierhalterhaftung), § 1 I HaftpflG (Schienenbahnen).

Sachverhalt

A schert mit dem Wagen seiner Ehefrau F aus einer Parklücke aus, als sein Erzfeind B mit 80 km/h durch die Ortschaft braust. Das Auto des B wird, wie von A beabsichtigt, beschädigt und zusätzlich wird, was nicht beabsichtigt war, das Kind des B getötet. B erleidet dadurch einen Schock. Durch den Einsatz der Polizei und die Absperrung der Straße können drei Stunden Lastwagen das Grundstück des Z-Betriebes nicht verlassen. Dem Inhaber (Z) entstehen dadurch Umsatzeinbußen.

Das Auto des B (Wert: 5.000 Euro) könnte für 10.000 Euro repariert werden. Muss A dem B nun 5.000 (Preis eines vergleichbaren Gebrauchtwagens) oder 10.000 Euro (Reparaturkosten) ersetzen? Solange das Auto des B nicht repariert ist bzw. geliefert werden kann, will dieser sich einen Mietwagen nehmen, um zu seiner Arbeitsstelle zu fahren. Erhält er von A die 900 Euro Mietwagenkosten komplett ersetzt?

A entgegnet all diesen Forderungen des B: Wäre B nicht von A getroffen worden, wäre B rund ein Kilometer weiter von einer Gasexplosion ergriffen worden und das Auto mit 99%iger Sicherheit völlig zerstört gewesen. Nur durch den Unfall entging B – wegen des erzwungenen Halts – der Explosion.

Frage 1: Welche Ansprüche hat B gegen A und F?
Frage 2: Welche Ansprüche hat Z gegen A?

Lösung
Frage 1

1. Teil: Ansprüche des B gegen A auf Ersatz der Schäden am Auto

I. Anspruch des B gegen A auf Ersatz der Schäden am Wagen aus §§ 18 I i.V.m. 7 I StVG
B könnte gegen A einen Anspruch auf Schadensersatz für die Beschädigungen am Wagen aus §§ 18 I i.V.m. 7 I StVG haben.

1. Dazu müssten die **Tatbestandsvoraussetzungen** des §§ 18 I i.V.m. 7 I StVG vorliegen.

a) A müsste **Führer des Fahrzeugs** gewesen sein. A hat den Wagen (ein Kfz gemäß § 1 II StVG) gefahren. Damit ist er Führer des Fahrzeugs.

b) Der Schaden am Wagen des B müsste „**beim Betrieb" eines Kfz** (§ 7 I StVG) entstanden sein. Dies bedeutet, dass der Schaden örtlich und zeitlich mit einem Betriebsvorgang zusammenhängen muss, der der Fortbewegung durch Motorkraft dient. Hier entstand der Schaden beim Ausparken und damit beim Betrieb des Kfz gemäß § 7 I StVG.

c) Ein **Ausschluss** der Haftung durch höhere Gewalt nach § 7 II StVG liegt nicht vor.

d) Gemäß § 18 I 2 StVG müsste weiterhin ein **Verschulden** des Fahrzeugführers vorliegen. Hier beabsichtigte A die Beschädigung des Wagens von B. Damit liegt Vorsatz, also Verschulden, vor.

2. Die Rechtsfolge, also der **Umfang des Schadensersatzes**, bestimmt sich nach §§ 249 ff.

a) Problematisch ist zunächst, ob B ein **Mitverschulden** nach § 17 I StVG trifft. Hat der Geschädigte schuldhaft bei der Verursachung des Schadens mitgewirkt, hängt nach dieser Vorschrift die Verpflichtung des Schädigers zum Schadensersatz davon ab, inwieweit der Schaden vorwiegend von dem einen oder dem anderen Teil verursacht worden ist. **Bei einem Mitverschulden des Geschädigten sind also die beiderseitigen Verursachungs- und Schuldbeiträge gegeneinander abzuwägen.** Hier ist B mit 80 km/h durch die Ortschaft gefahren. In einer Ortschaft ist eine Höchstgeschwindigkeit von 50 km/h erlaubt (§ 3 III Nr. 1 StVO). Diese Höchstgeschwindigkeit hat B überschritten. Damit trifft ihn ein Mitverschulden. Bei der **Abwägung der Schuldbeiträge** von A und B zur Ermittlung von Schadensquoten ist der beiderseitige Vorsatz zu berücksichtigen. Deshalb scheint hier eine Teilung der Schadenskosten (50:50) gemäß § 17 I StVG gerechtfertigt. [Hinweis: § 9 I StVG ist nur für das Mitverschulden von Fußgängern oder Radfahrern einschlägig.]

b) Fraglich ist, ob B die Hälfte des Wertes des Autos (2.500 Euro) oder die Hälfte der Reparaturkosten (5.000 Euro) von A verlangen kann. Grundsätzlich besteht nach § 249 I **das Prinzip der Naturalrestitution**. Der Geschädigte ist so zu stellen, wie er stünde, wenn der Schaden nicht eingetreten wäre. Bei einem hohen Kostenunterschied ist jedoch an § 251 II 1 zu denken: Es könnte sich hier um **unverhältnismäßige Aufwendungen** handeln. Der Reparaturaufwand liegt **200 % höher als der Wiederbeschaffungsaufwand** (Aufwand für einen vergleichbaren Gebrauchtwagen). Nach der BGH-Rechtsprechung kann der Eigentümer eines Autos als Schadensersatz nur Aufwendungen für die Reparatur seines Wagens in Höhe von 130 % des Wiederbeschaffungsaufwands verlangen, also des Betrages, den er für ein anderes gleichwertiges gebrauchtes Auto ausgeben müsste. Bis zu dieser Höhe soll das Interesse des Geschädigten am Erhalt der Sache, hier am alten Wagen, geschützt werden (dies nennt man „**Integritätsinteresse**"). Die Reparaturkosten übersteigen hier die Höhe von 130 % des Wiederbeschaffungsaufwandes. **Folglich liegen unverhältnismäßige Aufwendungen im Sinne von § 251 II 1 vor.** A kann somit nur Wertersatz für einen vergleichbaren Gebrauchtwagen verlangen, und wegen seines Mitverschuldens nach § 254 davon auch nur 50 % (siehe oben), also 2.500 Euro.

c) Schließlich ist fraglich, ob B die **kompletten Mietwagenkosten** (900 Euro) von A ersetzt bekommt. Die Mietwagenkosten sind nach § 249 II 1 zu ersetzen. Nach BGH-Rechtsprechung sind davon 10 % als ersparte Aufwendungen abzuziehen (sog. **Vorteilsausgleichung**). Damit liegen die ersatzfähigen Kosten bei 810 Euro, wovon A wegen des Mitverschuldens die Hälfte zu tragen hat (also 405 Euro).

d) Der Einwand des A, B wäre ohne den Unfall von einer Gasexplosion ergriffen worden, greift nicht. Es ist unsicher, ob B noch ein Kilometer in der hohen Geschwindigkeit weitergefahren wäre – oder nicht sogar angehalten hätte oder abgebogen wäre. **Reserveursachen sind bei dieser Schadensberechnung unbeachtlich.**

Ergebnis: B hat gegen A einen Anspruch auf Schadensersatz in Höhe von 2.905 Euro aus §§ 18 I i.V.m. 7 I StVG.

[Hinweis: Darüber hinaus hat B einen direkten Anspruch gegen den Kraftfahrzeugversicherer nach § 3 PflVG. Diese Vorschrift steht im Zusammenhang mit § 1 PflVG, wonach der Halter verpflichtet ist, eine Haftpflichtversicherung abzuschließen. Damit soll das Risiko der Zahlungsunfähigkeit des Halters im Schadensfall vermieden werden.]

II. Anspruch des B gegen A auf Ersatz der Schäden am Wagen aus § 823 I

B könnte gegen A einen Anspruch auf Ersatz der Schäden am Wagen aus § 823 I haben.

1. Dazu müssten die **Tatbestandsvoraussetzungen** des § 823 I vorliegen.

a) Zunächst müsste ein **Rechtsgut** des B betroffen sein. Als Rechtsgut wird gemäß § 823 I auch das **Eigentum** geschützt. Der Wagen befindet sich im Eigentum des B. Damit ist ein Rechtsgut des B betroffen.

b) Weiterhin müsste eine **Verletzungshandlung** vorliegen. Hier ist A aus der Parklücke ausgeschert, was die Beschädigung des Wagens von B zur Folge hatte. Damit liegt eine Verletzungshandlung vor.

c) Das Ausparken führte zur Eigentumsverletzung bei B. Damit ist die **haftungsbegründende Kausalität** zu bejahen.

d) Durch die Verwirklichung des Tatbestandes ist die **Rechtswidrigkeit** indiziert.

e) Weiterhin müsste A die Beschädigung des Wagens zu **vertreten** haben (§ 276). Hier beabsichtigt A, das Auto des B zu beschädigen. Damit liegt Wissen und Wollen bei A vor. **Folglich ist Vorsatz gegeben.** Also hat A die Beschädigung des Wagens zu vertreten.

f) Schließlich müsste bei B ein **Schaden** vorliegen. Schaden ist jeder Nachteil, der an den Rechtsgütern einer Person besteht. Hier wurde der Wagen des B beschädigt, dadurch entstehen Reparaturkosten. Es liegt damit ein **Vermögensschaden** vor.

g) Zuletzt muss auch die **haftungsausfüllende Kausalität**, also der adäquate Kausalzusammenhang zwischen Rechtsgutverletzung und Schaden, gegeben sein. Durch die Beschädigung des Wagens entstehen Kosten für eine Reparatur. Damit liegt die haftungsausfüllende Kausalität vor.

Folglich sind die Voraussetzungen des § 823 I gegeben.

2. Für die Rechtsfolgen siehe oben unter I., wonach ein **Mitverschulden** nach § 254 in Höhe von 50 % gegeben ist.

Ergebnis: Folglich hat B gegen A einen Anspruch auf Ersatz seiner Schäden von 2.905 Euro aus § 823 I.

[Hinweis: Dieser Anspruch des B geht, soweit er Versicherungsschutz genießt, kraft Gesetzes auf seine Versicherung über, § 67 VVG.]

III. Anspruch des B gegen A auf Ersatz der Schäden am Wagen aus § 823 II i.v.m. § 303 StGB (Sachbeschädigung)

B könnte gegen A einen Anspruch auf Schadensersatz für die Beschädigung des Wagens aus §§ 823 II i.V.m. § 303 I StGB haben.

1. Dazu müssten die **Tatbestandsvoraussetzungen** des § 823 II vorliegen. A müsste gegen ein Schutzgesetz verstoßen haben. Schutzgesetze sind Vorschriften, die neben dem Schutz der Allgemeinheit gerade den Schutz eines einzelnen direkt bezwecken. Der Schutz des einzelnen darf nicht lediglich ein reflexartiger Schutz des Schutzes der Allgemeinheit sein. Vorliegend kommt § 303 I StGB als Schutzgesetz in Betracht. **Die Strafbarkeit der „Sachbeschädigung" soll den Eigentümer einer Sache schützen.** Indem gerade der Schutz des einzelnen bezweckt wird, liegt ein **Schutzgesetz** vor. Hier hat A eine Sache des B zerstört. A handelte vorsätzlich. Rechtswidrigkeit und Schuld liegen vor. Damit hat A gegen § 303 I StGB verstoßen. Folglich liegen die Tatbestandsvoraussetzungen des § 823 II vor.

2. Zu den Rechtsfolgen gemäß §§ 249 ff. siehe oben (unter I.).

Ergebnis: B hat einen Anspruch auf Schadensersatz gegen A aus § 823 II i.V.m. § 303 I StGB in Höhe von 2.905 Euro.

IV. Anspruch des B gegen A auf Ersatz der Schäden am Wagen aus § 826

B könnte gegen A einen Anspruch auf Schadensersatz für den Wagen aus § 826 haben.

Dazu müssten die **Tatbestandsvoraussetzungen** des § 826 vorliegen. A müsste B in einer gegen die guten Sitten verstoßenden Weise vorsätzlich Schaden zugefügt haben. Schaden und Vorsatz liegen vor (siehe oben). Die absichtliche Beschädigung eines Wagens, in dem ein Kind sitzen kann (und hier sitzt), verstößt gegen das Anstandsgefühl aller billig und gerecht Denkenden und damit gegen die „guten Sitten".

Ergebnis: B hat gegen A einen Anspruch auf Schadensersatz für den Wagen aus § 826 [andere Ansicht vertretbar].

2. Teil: Ansprüche des B gegen A auf Ersatz der Beerdigungskosten für das verstorbene Kind

I. Anspruch des B gegen A auf Ersatz der Beerdigungskosten für das verstorbene Kind aus § 823 I

B könnte gegen A einen Anspruch aus § 823 I auf Ersatz der Beerdigungskosten haben.

1. Die **Tatbestandsvoraussetzungen** des § 823 I liegen vor (siehe oben).

2. Nach § 844 I hat im Fall der hier vorliegenden Tötung der Ersatzpflichtige, also A, die **Beerdigungskosten** demjenigen zu ersetzen, der diese Kosten zu tragen hat. Dies ist hier der Vater des Kindes, also der B, als Erbe (§ 1968).

3. Wegen des **Mitverschuldens** des B trägt dieser 50 % der Beerdigungskosten selbst, § 254 I.

Ergebnis: B hat gegen A einen Anspruch auf Beerdigungskosten aus § 823 I i.V.m. § 844 I.

II. Dieser Anspruch kann sich auch auf § 823 II i.V.m. § 222 StGB (fahrlässige Tötung) und auf § 18 I StVG i.V.m. § 10 I 2 StVG stützen.

3. Teil: Ansprüche des B gegen A auf Schmerzensgeld (§ 253) für seinen Schock

I. Anspruch des B gegen A auf Schmerzensgeld (§ 253) für seinen Schock aus § 823 I

B könnte gegen A einen Anspruch auf Schmerzensgeld für seinen Schock aus § 823 I haben.

1. Die **Tatbestandsvoraussetzungen** des § 823 I liegen vor.

2. Problematisch ist allein die **haftungsausfüllende Kausalität**. Es muss also zwischen Rechtsgutverletzung und Schaden ein adäquater Kausalzusammenhang bestehen. Fraglich ist hier die Zurechnung eines Schockschadens. Unter Schock ist im vorliegenden Sinne nicht der physische Schock gemeint, den ein

Schwerverletzter wegen seiner Verletzungen erleidet, sondern der psychische Schock, den jemand durch den Anblick des Opfers erleidet. Nach Ansicht des BGH besteht eine Schadensersatzpflicht nur dann, wenn die seelische Erschütterung über die gesundheitlichen Beeinträchtigungen hinausgeht, denen nahe Angehörige bei Todesnachrichten erfahrungsgemäß ausgesetzt sind. **Der Schutzzweck des § 823 I decke nur solche Gesundheitsschädigungen ab, die nach Art und Schwere diesen Rahmen überschreiten** (sog. gesteigerte Schockanfälligkeit). Dies ist hier nicht ersichtlich [andere Ansicht bei guter Argumentation vertretbar].

Ergebnis: B hat gegen A keinen Anspruch auf Schmerzensgeld (§ 253) für seinen Schock.

II. Deshalb scheitert auch ein Anspruch des B aus § 823 II i.V.m. § 229 StGB (fahrlässige Körperverletzung).

4. Teil: Ansprüche des B gegen F

Anspruch des B gegen F auf Ersatz der Schäden, der Beerdigungskosten und Schmerzensgeld aus § 7 I StVG
B könnte gegen F einen Anspruch auf Ersatz aller Schadensposten aus § 7 I StVG haben.

1. Dazu müsste F **Halterin** des Wagens sein. Halter ist, wer das Kfz in seiner Gewalt hat und auf eigene Rechnung, auf eigene Kosten und auf eigenes Risiko gebraucht. F ist Eigentümerin des Wagens. A hat sich das Auto nur geliehen. Durch eine Leihe verändert sich die Haltereigenschaft nicht. Daher ist F Halterin des Wagens.

2. Die übrigen Voraussetzungen des § 7 I StVG liegen vor [siehe oben, *dort wurde § 7 I StVG inzident bei der Prüfung B gegen A aus § 18 I StVG bejaht*].

3. Für die Rechtsfolgen siehe ebenfalls oben: Schadensersatz aus § 7 I StVG, Beerdigungskosten aus § 10 I StVG.

Ergebnis: B hat einen Anspruch gegen F auf Ersatz der Schäden am Wagen und der Beerdigungskosten aus § 7 I StVG i.V.m. § 10 I StVG.

Frage 2

Anspruch des Z gegen A auf Ersatz der Umsatzeinbußen aus § 823 I
Z könnte gegen A einen Anspruch auf Ersatz der Umsatzeinbußen aus § 823 I
haben.

1. Dazu müssten die **Tatbestandsvoraussetzungen** des § 823 I vorliegen.

a) Zunächst müsste ein **Rechtsgut** des Z betroffen sein. Die ausdrücklich in
§ 823 I genannten Rechtsgüter sind Leben, Körper, Gesundheit, Freiheit und
Eigentum. Keines dieser Rechtsgüter kommt hier in Betracht. Neben den
genannten Rechten sind aber auch „sonstige Rechte" im Rahmen des § 823 I
geschützt. Als „sonstiges Recht" kommt hier der **Schutz des „eingerichteten
und ausgeübten Gewerbebetriebs"** in Frage. Dieses Recht ist als Rechtsgut
des § 823 I anerkannt. Z könnte sich darauf nur berufen, wenn er ein Gewerbe
ausübt. **„Gewerbe"** ist jede erlaubte, auf Gewinnerzielung gerichtete Tätigkeit,
die fortgesetzt ausgeübt wird. Z führt einen Betrieb, aus dessen Gelände
Lastwagen herausfahren wollen. Von einer auf Gewinnerzielung gerichteten
Tätigkeit ist auszugehen. Folglich liegt bei Z ein Gewerbe vor. Damit ist eines
seiner Rechtsgüter betroffen.

b) Das Rechtsgut des „eingerichteten und ausgeübten Gewerbebetriebs" des Z
müsste verletzt worden sein. Erforderlich ist dafür ein ***unmittelbar
betriebsbezogener* Eingriff**. Das heißt, dass sich der Eingriff gegen den
Betrieb als solchen und nicht irgendwelche vom Betrieb ablösbaren Rechte
richten muss und dass der Eingriff über eine bloße Belästigung oder sozial
übliche Behinderung hinausgeht. Hier liegt eine Absperrung der Straße vor.
Dies führt – bei nur drei Stunden – **nicht** zu einem Eingriff direkt gegen den
Betrieb. Es liegt eine **Behinderung** vor, die nicht unüblich ist und nur für kurze
Zeit besteht. Daher ist in der kurzfristigen Störung des öffentlichen Verkehrs
zum Grundstück des Z eine Eigentumsverletzung nicht zu sehen. [vgl. Rolf
Schmidt, Schuldrecht BT 2, 5. Auflage 2007, Rdnr. 653; andere Ansicht wohl Medicus,
Bürgerliches Recht, Rdnr. 613].

Ergebnis: Z hat gegen A keinen Anspruch auf Ersatz der Umsatzeinbußen aus
§ 823 I.

Sachverhalt

K kauft im September 2013 einen neuen PKW und fährt mit diesem zunächst sechs Monate unfallfrei. Plötzlich aber gerät das Fahrzeug auf gerader Strecke und unter gewöhnlichen Fahrbedingungen ins Schleudern und überschlägt sich. Dabei wird K erheblich verletzt. Ihr linker Arm muss amputiert werden. Seit dem Unfall ist sie auf die Hilfe einer Haushälterin angewiesen.

Wie sich später herausstellt, beruhte der Unfall auf dem Bruch eines Kolbens, der aus der Werkstatt des Z stammt. Z verteidigt sich wie folgt: Der Kolben sei von dem sehr zuverlässigen Arbeiter H hergestellt worden. Bis zu jenem Kolben, der sich später in dem Auto der K fand, habe H noch nie einen Fehler gemacht. Gleiches sei vom Vorarbeiter V zu berichten, der H laufend kontrolliere. V seinerseits unterstehe dem technischen Betriebsleiter, Ingenieur I, den er – Z – sorgfältig ausgesucht und überwacht habe.

K verlangt trotzdem von Z eine angemessene Geldrente sowie Schmerzensgeld. Ein Vorgehen gegen die anderen Personen erscheint ihr nicht sehr Erfolg versprechend, da diese kein Geld haben.

Welche Ansprüche hat K gegen Z? Vertragliche Ansprüche sind nicht zu prüfen.

Lösung

I. Anspruch der K gegen Z auf Zahlung einer Geldrente aus §§ 831 I 1 i.V.m. 843 I

K könnte einen Anspruch gegen Z auf Zahlung einer Geldrente aus §§ 831 I 1 i.V.m. 843 I haben.

1. Dazu müssten die **Tatbestandsvoraussetzungen** des § 831 I 1 vorliegen.

a) Zunächst müsste H von Z zur Verrichtung der Herstellung von Kolben bestellt worden sein. **Verrichtungsgehilfe ist, wer vom Geschäftsherrn in dessen Interesse eine Tätigkeit übertragen bekommen hat und von Weisungen des Geschäftsherrn abhängig ist.** Als Arbeitnehmer ist H dauerhaft im Interesse seines Arbeitgebers Z zur Kolbenherstellung beauftragt. Zudem ist H von seinen Vorgesetzten weisungsabhängig. Folglich ist H Verrichtungsgehilfe.

b) Der Verrichtungsgehilfe muss einer dritten Person – hier K – einen Schaden zugefügt haben. Dafür müssen die tatbestandlichen Voraussetzungen einer unerlaubten Handlung vorliegen, wobei aber ein Verschulden der Hilfsperson (hier des H) nicht erforderlich ist, **weil § 831 I 1 eine Haftung des Geschäftsherrn für *eigenes* Verschulden begründet.**

aa) Zunächst müsste H eine **Verletzungshandlung** begangen haben. Diese Handlung liegt im Einbau des fehlerhaften Kolbens.

bb) Es muss eine **Rechtsgutverletzung** gemäß § 823 I vorliegen. Indem K durch den Unfall an der Gesundheit beschädigt wurde, liegt eine Verletzung eines in § 823 I genannten Rechtsguts vor.

cc) Es müsste eine **haftungsbegründende Kausalität** zwischen Handlung und Rechtsgutverletzung bestehen. Indem H einen fehlerhaften Kolben einbaute, konnte dieser brechen, was den Unfall und damit die Verletzung der K zur Folge hatte. Die haftungsbegründende Kausalität liegt somit vor.

dd) Die **Rechtswidrigkeit** ist indiziert. Auf ein Verschulden des Verrichtungs-gehilfen kommt es im Rahmen der Prüfung des § 831 nicht an.

ee) K wurde durch den Unfall erheblich verletzt, mithin liegt ein **Schaden** vor.

ff) Dieser Schaden beruht auf der Rechtsgutverletzung. Somit ist auch die **haftungsausfüllende Kausalität** gegeben.

Folglich liegen die Voraussetzungen einer durch H begangenen unerlaubten Handlung vor.

c) Weitere Haftungsvoraussetzung des § 831 ist, dass der Gehilfe den Schaden in **Ausführung der Verrichtung** verursacht hat (und nicht nur „bei Gelegenheit"). In Ausführung der Verrichtung verursacht der Gehilfe den Schaden, wenn er bei einer im inneren Zusammenhang mit seinem Aufgaben-bereich stehenden Tätigkeit handelt. Hier handelt H während seiner Arbeitszeit und seiner Tätigkeit als Kolbeneinsetzer. Damit hat er, als Gehilfe des Z, den Schaden in Ausführung der Verrichtung verursacht.

d) Zuletzt ist fraglich, ob Z bei der **Auswahl des Gehilfen sorgfaltswidrig** und schuldhaft gehandelt hat und dieses eigene schuldhafte Verhalten für den eingetretenen Schaden ursächlich war. Gemäß § 831 I 2 ist eine solche schuldhafte Sorgfaltswidrigkeit des Geschäftsherrn, hier des Z, zu vermuten. Er hat jedoch die Möglichkeit, einen **Entlastungsbeweis zu führen** und könnte sich exkulpieren.

Dazu müsste Z beweisen, dass er bei der Einstellung seines Verrichtungs-gehilfen H die im Verkehr erforderliche Sorgfalt beachtet und ihn auch später in ausreichendem Maße überwacht hat. Problematisch ist, dass H von Z nicht überwacht wurde. Vielmehr wurde H von V überwacht. V selbst wurde von I überwacht. Nur I wurde von Z selbst überwacht.

Z könnte diese Verschuldensvermutung durch den sogenannten **„dezentralisierten Entlastungsbeweis"** widerlegen. Nach Ansicht des BGH soll es in Großbetrieben dem Geschäftsherrn gestattet sein, die Auswahl und Überwachung der Verrichtungsgehilfen auf höhere Angestellte zu delegieren. Der Grund dafür liegt darin, dass in großen Betrieben der Geschäftsherr unmöglich alle Angestellten selbst überwachen kann. Folglich muss sich Z nur noch hinsichtlich der **„Zwischenpersonen"** entlasten. Hier hat Z dargelegt, dass er den I sorgfältig ausgesucht und überwacht hat. Damit kann sich Z entlasten. Z hat sich folglich exkulpiert.

2. Damit liegen die Tatbestandsvoraussetzungen des § 831 I 1 nicht vor.

Ergebnis: K hat keinen Anspruch gegen Z auf Zahlung einer Geldrente aus §§ 831 I 1 i.V.m. 843 I.

II. Damit hat K gegen Z auch keinen Anspruch auf Zahlung von Schmerzensgeld gemäß §§ 831, 253 I 1.

III. Anspruch der K gegen Z auf Geldrente und Schmerzensgeld aus § 1 Produkthaftungsgesetz (ProdHaftG)

K könnte einen Anspruch gegen Z auf Geldrente und Schmerzensgeld aus § 1 ProdHaftG haben.

1. Dazu müssten die **Tatbestandsvoraussetzungen** des § 1 ProdHaftG vorliegen.

a) Zunächst müsste es sich bei dem fehlerhaften Kolben um ein **„Produkt"** im Sinne von § 2 ProdHaftG, also um eine bewegliche Sache handeln. Der Kolben ist eine bewegliche Sache. Er bildet zwar nur **mit anderen Sachen eine Einheit** („Motor"). Dies fällt aber auch unter den Produktbegriff nach § 2 ProdHaftG.

b) Dieses Produkt, der Kolben, hatte einen **Fehler**.

c) Dadurch kam es zu einem Bruch des Kolbens, was zu einem Unfall führte, bei dem K verletzt wurde (siehe bereits oben).

d) Z müsste **Hersteller des Produkts** gemäß § 4 ProdHaftG sein. Hersteller ist, wer das Endprodukt, das Grundprodukt oder einen Teilstoff hergestellt hat. Der Kolben stammt aus der Werkstatt des Z. Dass der Kolben nur ein Teilprodukt des Motors ist, schadet gemäß § 4 ProdHaftG nicht. Damit ist Z Hersteller.

2. Folglich liegen die Tatbestandsvoraussetzungen des § 1 ProdHaftG vor.
[Hinweis: Verschulden ist keine Voraussetzung dieses Anspruchs! Es handelt sich um eine Gefährdungshaftung. Deshalb darf Verschulden auch keinesfalls geprüft werden!]

Ergebnis (Rechtsfolge):
a) Folglich ist Z gemäß § 8 ProdHaftG ersatzpflichtig dafür, das die Erwerbsfähigkeit der K infolge der Armamputation gemindert ist. Der Ersatz ist durch eine Geldrente zu leisten (§ 9 I ProdHaftG).
b) Schmerzensgeld kann K gemäß § 8 Satz 2 ProdHaftG verlangen.

IV. Ein Anspruch aus § 823 kommt nicht in Betracht, da Z sich unwidersprochen auf eine ausreichende Überwachung des I beruft und daher ein Organisationsverschulden nicht vorliegt.

Sachverhalt

Politiker P reist zum Zwecke der Verbesserung von Beziehungen in die Vereinigten Staaten. Dort nimmt er auch an einer Führung durch eine Ölfirma teil, die der amerikanischen Regierung nahe steht. P lässt sich dabei an einer Pipeline mit zwei nach oben gestreckten Daumen fotografieren. Die deutsche Ölfirma F benutzt dieses Foto ungefragt, um für ihre Tankstellen zu werben. Dabei benutzt F den Slogan: *Auch P konnte sich davon überzeugen – „Dieses Öl ist gutes Öl!"* Wegen der Benutzung des Fotos und des erfundenen Slogans wurde F von P bereits abgemahnt, was F aber nicht dazu bewegen konnte, die Kampagne einzustellen. Sie setzt auf P als kostenlosen Werbeträger und erhofft sich weiterhin doppelt so hohe Einnahmen durch die Kampagne.

Wie ist die Rechtslage?

Lösung

I. Anspruch P gegen F auf Schadensersatz aus § 823 I

P könnte einen Anspruch gegen F auf Zahlung von Schadensersatz aus § 823 I haben.

1. Es müsste in ein Rechtsgut des § 823 I eingegriffen worden sein. F hat keines der in § 823 I ausdrücklich aufgeführten absoluten Rechte verletzt.

a) In Betracht kommt aber die Verletzung des als „sonstiges Recht" anzusehenden Rechts am eigenen Bild gemäß § 22 KunstUrhG[3].

[Hinweis: Da der Schutz vor der Verbreitung des eigenen Bildes ausschließlich über §§ 823 I, 22 KunstUrhG erfolgt, ist auf die Frage der deliktisch relevanten Verletzung eines allgemeinen Persönlichkeitsrechts als „sonstiges Recht" hier noch nicht einzugehen. § 22 KunstUrhG ist spezieller und daher vorrangig zu prüfen.]

F hat die Fotografie mit P als Motiv ohne dessen Erlaubnis benutzt. **Damit hat sie sein Recht am eigenen Bild gemäß § 22 KunstUrhG verletzt.**

Die Verbreitung des Bildes könnte jedoch nach § 23 I Nr. 1 KunstUrhG gerechtfertigt sein. P ist als Politiker eine **„absolute Person der Zeitgeschichte".** Mit

---

[3] Schönfelder, Nr. 67.

dem Bild wird über eine öffentliche Veranstaltung berichtet, es handelt sich mithin um ein Bild aus dem „Bereich der Zeitgeschichte". Damit wird das schutzwürdige Informationsinteresse der Allgemeinheit befriedigt. Dies hatte P, der die Beziehungen zu den Vereinigten Staaten verbessern will, auch gewollt. Damit ist die Verbreitung nach § 23 I Nr. 1 KunstUrhG gerechtfertigt.

Eine Verletzung des Rechts am eigenen Bild nach § 22 KunstUrhG liegt folglich nicht vor.

b) In Betracht kommt aber ein **Eingriff in das allgemeine Persönlichkeits-recht** des P. Dieses Recht wird von Art. 2 I i.V.m. 1 I GG gewährleistet und ist seitens der Rechtsprechung als sonstiges Recht im Sinne von § 823 I anerkannt. Das Allgemeine Persönlichkeitsrecht ist das Recht des einzelnen auf Achtung seiner Menschenwürde und auf Entfaltung seiner individuellen Persönlichkeit.

Die Benutzung des Fotos von P an der Ölanlage zu Werbezwecken mit dem Slogan „Dieses Öl ist gutes Öl" (was P weder gesagt noch autorisiert hatte) war geeignet, den **politischen Ruf** des P zu **mindern**. Zudem wird P durch den ihm unterstellten sinnentleerten Satz „Dieses Öl ist gutes Öl" **lächerlich** gemacht. Folglich liegt eine Verletzung des allgemeinen Persönlichkeitsrechts des P gemäß Art. 2 I i.V.m. 1 I GG, § 823 I vor.

2. Eine **Verletzungshandlung** der F liegt in der Verwendung des Bildes für die Ölwerbung.

3. Diese Verletzung müsste **rechtswidrig** gewesen sein. Es handelt sich beim Allgemeinen Persönlichkeitsrecht um ein **Rahmenrecht**, weshalb die Rechtswidrigkeit nicht indiziert ist. Sie muss vielmehr im Rahmen einer **Güter- und Interessenabwägung** festgestellt werden. Die Nutzung des Fotos erfolgte aus rein kommerziellen Interessen. Dabei wurde ein gefälschtes Zitat benutzt. Folglich besteht weder ein Informationsinteresse der Allgemeinheit, noch kann sich F auf einen Rechtfertigungsgrund berufen. Damit ist die Nutzung der Fotos rechtswidrig.

4. F müsste **schuldhaft** gehandelt haben. Verschulden umfasst nach § 276 Vorsatz und Fahrlässigkeit. F führte die Aktion auch nach einer Abmahnung des P weiter. Folglich ist Verschulden spätestens zu diesem Zeitpunkt gegeben.

5. P müsste einen **Schaden** haben. Eine Entschädigung in Geld kommt grundsätzlich nur in den Fällen des § 253 II in Betracht. Dort ist das **allgemeine Persönlichkeitsrecht** jedoch nicht aufgeführt. Deshalb leitet die Rechtsprechung den Ersatzanspruch bei schweren Verletzungen aus Art. 2 I i.V.m. Art. 1 I GG ab [vom BVerfG für verfassungskonform erklärt in der *Soraya*-Entscheidung, BVerfGE 34, 269]. Es müsste eine schwere Verletzung vorliegen. **Dies hängt von Bedeutung und Tragweite des Eingriffs, von Anlass und Beweggrund des Handelnden und vom Grad seines Verschuldens ab.** Beweggrund waren hier allein kommerzielle Interessen der F. Ihr Verschulden ist, da sie die Werbekampagne auch nach Intervention des P fortführt, hoch. Folglich liegt eine schwere Verletzung vor. Damit kann eine Entschädigung in Geld gefordert werden.

Ergebnis: P hat einen Anspruch gegen F auf Zahlung von Schadensersatz aus Art. 2 I i.V.m. 1 I GG, § 823 I.

II. Dieser **Anspruch** kann auch über **§ 823 II i.V.m. § 186 StGB** (Üble Nachrede) begründet werden. Bei § 186 StGB handelt es sich um ein Schutzgesetz. Kundgabe, Kundgabeerfolg und Vorsatz liegen vor. Ebenso ist die Objektive Bedingung der Strafbarkeit, dass die Tatsache nicht erweislich wahr ist, gegeben.

III. Anspruch des P gegen F auf Schadensersatz aus § 826
P könnte einen Anspruch gegen F auf Zahlung von Schadensersatz aus § 826 haben.

1. Dazu müsste F gegen die **guten Sitten** verstoßen haben. Als „gute Sitten" bezeichnet man das Anstandsgefühl aller billig und gerecht denkenden Menschen. Hier führt F dem P absichtlich Schaden zu, obwohl F von P abgemahnt wurde.

2. F weiß, dass die berufliche Zukunft des P beeinträchtigt wird, wenn der Slogan weiter verbreitet wird. Es liegt somit auch **gewissensloses Handeln** vor.

Ergebnis: P hat einen Anspruch gegen F auf Schadensersatz aus § 826.

IV. Anspruch des P gegen F auf Herausgabe der Bereicherung nach § 812 I 1 Var. 2

P könnte gegen F einen Anspruch auf Herausgabe des durch die Verwendung des Fotos und des Slogans zusätzlich Erlangten aus § 812 I 1 Var. 2 haben.

1. Dazu müsste F zunächst gemäß § 812 I 1 **etwas erlangt** haben. Darunter ist jeder vermögenswerte Vorteil zu verstehen. Der Vermögensvorteil durch Werbung mit der eigenen Persönlichkeit steht der abgebildeten Person, hier dem P, zu. F kann aufgrund der Werbung mit P doppelt so viel Öl verkaufen wie früher. Der wirtschaftliche Wert der Werbung mit P kam ihr zugute. Folglich hat sie etwas erlangt.

2. Dies könnte **durch einen Eingriff** der F in ein Recht, welches dem P zugewiesen ist, geschehen sein (§ 812 I 1 Var. 2). Voraussetzung ist jedoch, dass keine Leistung des P vorliegt (**Subsidiarität der Eingriffskondiktion**). Leistung ist die bewusste und zweckgerichtete Mehrung fremden Vermögens. P hat das Vermögen der F nicht bewusst gemehrt. Vielmehr nutzt F den Slogan ohne Einwilligung des P. Damit liegt keine Leistung vor. Stattdessen hat F die Nutzung des Slogans in sonstiger Weise durch einen Eingriff in den Zuweisungsgehalt des Persönlichkeitsrechts des P erlangt.

3. Dies geschah **auf Kosten** des P.

4. F müsste den Vorteil **ohne Rechtsgrund** erhalten haben. Zwischen F und P bestand kein Nutzungsvertrag. F hat den Vorteil also ohne Rechtsgrund erhalten.

Ergebnis: P hat gegen F einen Anspruch auf Herausgabe des durch die Verwendung des Fotos und Slogans zusätzlich Erlangten aus § 812 I 1 Var. 2, 818 II (Mehreinnahmen in Form von Wertersatz). Der Umfang des Schadensersatzes wird danach bestimmt, was als angemessene Vergütung für die wirtschaftliche Nutzung an den Berechtigten hätte gezahlt werden müssen, sogenannte fiktive Lizenzgebühr.

V. Anspruch des P gegen F auf Unterlassung aus §§ 823 I, 1004 I 2

P könnte einen Anspruch gegen F auf Unterlassung der Nutzung von Foto und Slogan aus §§ 823 I, 1004 I 2 haben (quasinegatorischer Anspruch).

[Hinweis: Der Unterlassungsanspruch ist im Gegensatz zum Schadensersatzanspruch das Mittel, dem Verletzten einen präventiven Schutz vor *weiteren* Verletzungen zu gewähren.]

1. Dazu bedürfte es zunächst einer Anspruchsgrundlage. Der **quasinegatorische Anspruch auf Unterlassung** wird teilweise aus §§ 12, 862 I 2, 1004 I 2, teilweise aus Grundrechten oder dem Rechtsstaatsprinzip (Art. 20 I GG) abgeleitet. Die Herleitung ist jedoch unbeachtlich, da seine Existenz von der Rechtsprechung anerkannt ist. Durch den quasinegatorischen Unterlassungsanspruch wird der Anwendungsbereich von § 1004 I auf die Rechtsgüter des § 823 I erweitert[4].

2. Es müsste eine **Beeinträchtigung eines in § 823 I genannten Rechtsguts vorliegen.** Das hier in Betracht kommende allgemeine Persönlichkeitsrecht (Art. 2 I i.V.m. 1 I GG) ist zwar nicht ausdrücklich in § 823 I genannt. Indem es von der Rechtsprechung als sonstiges Recht im Sinne von § 823 I anerkannt ist, kann darauf aber ein quasinegatorischer Unterlassungsanspruch gestützt werden. Das allgemeine Persönlichkeitsrecht des P wird durch die Veröffentlichung des Fotos samt Slogan beeinträchtigt.

3. F kann keine Rechtfertigung ihres Verhaltens geltend machen. Folglich muss P die **Beeinträchtigung seines Persönlichkeitsrechts** auch nicht nach § 1004 II dulden.

4. Es müsste eine **Wiederholungsgefahr** i.S.d. § 1004 I 2 vorliegen. F benutzte Foto und Slogan weiterhin, obwohl P sie abgemahnt hatte. Es ist zu erwarten, dass F weiter so handeln wird. Damit liegt eine Wiederholungsgefahr vor.

Ergebnis: P hat einen Anspruch gegen F auf Unterlassung der Nutzung von Foto und Slogan aus §§ 1004 I 2, 823 I (quasinegatorischer Anspruch).

---

[4] Man prüft also § 1004 mit dem Unterschied, dass nicht das Eigentum, sondern ein in § 823 genanntes Rechtsgut beeinträchtigt worden ist, ohne dass der Rechtsinhaber dies dulden muss.

Sachverhalt

Im Mehrfamilienhaus „Sonnenweg 1" wohnen die Eigentümer A und B in zwei Wohnungen mit ihrer Familie, in den beiden anderen Wohnungen leben X und Y. Da A und B oft unterwegs sind, haben sie die für ihre Zuverlässigkeit und Solvenz bekannte Firma „Eisbrecher" (E) beauftragt, im Falle von Schnee und Eisglätte den Weg vom Eingang zur Straße zu streuen. In der Nacht zum 1. November hat es überraschend geschneit. E kommt erstmals nicht dazu, ihre Verpflichtung aus dem Werkvertrag wahrzunehmen. Am Morgen verlässt X als erster das Haus und stürzt auf dem Weg. Er kann wegen einer Handverletzung seinem Beruf als Pianist einen Monat lang nicht nachgehen. Welche Ansprüche hat X gegen E sowie gegen A und B als Gesamtschuldner?

Lösung
Erster Teil: Ansprüche des X gegen E

I. Anspruch des X gegen E auf Schadensersatz aus §§ 634 Nr. 4, 280 I, 241 II, 311 III 1

X könnte gegen E einen Anspruch auf Schadensersatz für seine Handverletzung aus §§ 634 Nr. 4, 280 I, 241 II, 311 III 1 haben.

1. Dazu müsste zunächst zwischen X und E ein **wirksamer Werkvertrag** geschlossen worden sein. Ein Werkvertrag zwischen diesen beiden Personen liegt nicht vor. Jedoch könnte X in den Werkvertrag von A und B mit E einbezogen sein. Dies bemisst sich nach den Grundsätzen des Vertrages mit Schutzwirkung für Dritte, der eine Ausprägung in § 311 III 1 gefunden hat.

2. Die **Voraussetzungen des Vertrages mit Schutzwirkung zugunsten Dritter** sind Leistungsnähe, Gläubigernähe, Erkennbarkeit und Schutzbedürftigkeit.

a) Zunächst müsste X in gleicher Weise mit der zu erbringenden Leistung in Berührung kommen wie A und B (**Leistungsnähe**). Hier ist X als Mieter durch eine mangelhafte Eisbeseitigung ebenso gefährdet wie die Hauseigentümer. Damit kommt X in gleicher Weise mit der zu erbringenden Leistung in Berührung wie A und B. Folglich liegt Leistungsnähe vor.

b) Weiterhin müsste **Gläubigernähe** gegeben sein. Früher verlangte man, dass der Gläubiger für das „Wohl und Wehe" des Geschädigten einzustehen habe. Heute reicht aus, wenn der Geschädigte, hier X, **eine besondere Nähebeziehung zu den Gläubigern** (hier: A und B) **hat**. A und B müssten ein Interesse am Schutz des X haben. Hier trifft A und B aufgrund des mit X abgeschlossenen Mietvertrages die Verpflichtung, von der Mietsache ausgehende Gefährdungen von ihm fernzuhalten und dazu insbesondere die Sicherheit des Zuwegs zur Strasse zu gewährleisten. Darin offenbart sich eine Fürsorgepflicht der Vermieter A und B, die ein Schutzinteresse und damit Gläubigernähe begründet.

c) Schließlich müsste der Einbezug des X in den Vertrag für E **erkennbar** gewesen sein. Zwar war die Existenz des X dem E unbekannt. E musste aber damit rechnen, dass A und B Teile ihres Mehrfamilienhauses vermietet haben. Folglich liegt Erkennbarkeit vor.

d) Weiterhin müsste X – als vierte Voraussetzung des Vertrages mit Schutzwirkung für Dritte – **schutzbedürftig** sein. Schutzbedürftig wäre X, wenn er **keine anderen vertraglichen Ansprüche gegen einen Dritten geltend machen könnte**. Für die Verletzung der Streupflicht müssen die Vermieter nach § 536 a I selbst einstehen: nach § 535 I 1 ist der Vermieter verpflichtet, dem Mieter während der Mietzeit den Gebrauch der vermieteten Sache zu gewähren und die Sache in einem vertragsgemäßen Zustand zu erhalten. Daraus folgt die Verpflichtung, für einen verkehrssicheren Zustand auch der Wege auf dem Grundstück zu sorgen.

Werden die Wege nicht gestreut, befinden sie sich nicht in einem verkehrssicheren Zustand. Dann liegt ein Mietmangel nach § 536 I vor. Im Rahmen dieser Haftung wird ein sorgfaltswidriges und schuldhaftes Verhalten des E den Vermietern A und B über § 278 **zugerechnet**. X kann sich also mit einem Anspruch aus § 536 a I an A und B halten. Folglich ist X nicht schutzbedürftig.

2. Ergebnis: X hat gegen E keinen Anspruch auf Schadensersatz aus §§ 634 Nr. 4, 280 I, 241 II, 311 III 1.

II. Anspruch des X gegen E auf Schadensersatz aus § 823 I

X könnte gegen E einen Anspruch auf Schadensersatz aus § 823 I haben.

1. Es müsste eine **Verletzungshandlung** vorliegen. X ist gestürzt und hat sich dabei die Hand verletzt. Ein positives Tun des E liegt nicht vor. Es steht jedoch das Unterlassen des Streuens dem positiven Tun gleich, wenn der Unterlassende zum Handeln verpflichtet war. E muss also gegenüber X eine **Garantenstellung** innegehabt haben. Diese Granantenstellung könnte sich hier aus der **Verkehrspflicht** [auch „**Verkehrssicherungspflicht**" genannt] des E ergeben.

a) Zwar ist primär der **Eigenbesitzer** von privaten Grundstücken für die von ihnen ausgehenden Gefahren verantwortlich (Rechtsgedanke der §§ 836-838). Dies sind hier A und B.

b) E hat jedoch die **Verkehrspflicht** des Streuens **übernommen**. Dies ergibt sich aus dem Werkvertrag zwischen E und A/B. E hätte dafür sorgen müssen, dass auf dem Weg zur Strasse niemand zu Schaden kommt. Folglich hat E die erforderlichen Maßnahmen unterlassen und dadurch die ihr obliegenden Verkehrssicherungspflichten verletzt.

2. Es liegt eine **Beeinträchtigung des Rechtsguts** der körperlichen Unversehrtheit bei X vor. Diese Beeinträchtigung in Form der Handverletzung wäre nicht eingetreten, wenn E den Weg gestreut hätte. Folglich liegt auch die **haftungsbegründende Kausalität** vor. E handelte ferner rechtswidrig. Weiterhin müsste E schuldhaft gehandelt haben. E hat die im Verkehr erforderliche Sorgfalt gemäß § 276 II nicht eingehalten, obwohl dies möglich gewesen wäre. Damit hat E schuldhaft gehandelt.

3. Der Umfang des Schadens bemisst sich nach den **Grundsätzen der Naturalrestitution** (§§ 249 ff.). Die Verletzung der Hand führte bei X zu den vorgebrachten Schäden. X kann daher den einmonatigen Verdienstausfall nach § 252 einfordern. Gemäß § 253 II hat X gegen E auch einen Anspruch auf Zahlung von Schmerzensgeld.

4. Fraglich ist, ob X ein **Mitverschulden** nach § 254 I trifft. Dies würde vorliegen, wenn X den gefährlichen Zustand des Bodens hätte erkennen und sich darauf einrichten können. Hier verlässt X als erster an diesem Morgen das Haus. Er ist nicht verpflichtet, sich durch den Wetterbericht über eine mögliche

Eisglätte des Bodens zu informieren. Folglich ist für ein Mitverschulden kein Raum. Damit scheidet § 254 I aus.

Ergebnis: X hat gegen E einen Anspruch auf Zahlung von Verdienstausfall und Schmerzensgeld aus § 823 I.

III. Anspruch des X gegen E auf Schadensersatz aus § 823 II BGB i.V.m. § 229 StGB

X könnte gegen E einen Anspruch auf Schadensersatz aus § 823 II BGB i.V.m. § 229 StGB (fahrlässige Körperverletzung) haben.

1. Dazu müsste E gegen ein den **Schutz des anderen bezweckendes Gesetz verstoßen** haben. In Betracht kommt § 229 StGB. Ein Schutzgesetz i.S.d. § 823 II ist eine Norm, die neben dem Schutz der Allgemeinheit auch Rechtsgüter des einzelnen direkt schützen will. Der Schutz des einzelnen muss mehr sein als nur ein Reflex des Schutzes der Allgemeinheit.

a) Schutzgut des § 229 StGB ist die **körperliche Unversehrtheit**. Damit wird der direkte Schutz des einzelnen bezweckt. Folglich liegt ein Schutzgesetz vor.

b) Weiterhin müsste E gegen § 229 StGB **verstoßen** haben. Der strafrechtliche Erfolg, die Gesundheitsbeschädigung des X, ist durch die unterlassene Streuung des Weges eingetreten. Damit hat E die im Verkehr erforderliche Sorgfalt **pflichtwidrig außer Acht gelassen**, wobei der Erfolg für ihn voraussehbar war. Objektive Zurechnung, Rechtswidrigkeit und Schuld sind gegeben.

Folglich hat E gegen das Schutzgesetz von § 229 StGB verstoßen.

2. Durch die Schutzgesetzverletzung ist ein **Schaden** bei X entstanden (siehe unter II.).

Ergebnis: X hat gegen E einen Anspruch auf Schadensersatz aus § 823 II BGB i.V.m. § 229 StGB (fahrlässige Körperverletzung).

Zweiter Teil: Ansprüche des X gegen A und B

I. Anspruch des X gegen A/B auf Schadensersatz aus §§ 549, 536 a I Var.2 i.V.m. § 536

X könnte gegen A/B einen Anspruch auf Schadensersatz aus §§ 549, 536 a i.V.m. § 536 haben.

1. Dazu müsste zunächst zwischen X und A/B ein **wirksames Mietverhältnis** bestehen. Dies ist der Fall.

2. Weiterhin müsste bei der Mietsache nach Abschluss des Vertrages ein **Mietmangel** gemäß § 536 I entstanden sein. Nach § 535 I 1 ist der Vermieter verpflichtet, dem Mieter während der Mietzeit den Gebrauch der vermieteten Sache zu gewähren und die Sache in einem vertragsgemäßen Zustand zu erhalten. Daraus folgt auch die Verpflichtung, für einen verkehrssicheren Zustand der Wege auf dem Grundstück zu sorgen. Werden die Wege nicht gestreut, befinden sie sich **nicht** in einem **verkehrssicheren Zustand**. Damit liegt ein Mietmangel nach § 536 I vor.

3. A/B müssten diesen Mietmangel **zu vertreten** haben. Sie haben E mit dem Streuen der Wege bei Schnee und Glatteis beauftragt. Damit ist E Erfüllungsgehilfe nach § 278 S. 1. E hat die Streupflicht fahrlässigerweise versäumt (siehe oben). Dies müssen A und B sich nach § 278 S. 1 zurechnen lassen.

4. Ein Schaden bei X liegt vor. Nach dem Prinzip der Naturalrestitution (§§ 249 ff.) haben A und B diesen Schaden zu ersetzen. Nach § 253 II schulden sie auch die Zahlung von **Schmerzensgeld**.

Ergebnis: X hat gegen A/B einen Anspruch auf Schadensersatz aus §§ 549, 536 a Var.2 i.V.m. § 536.

III. Anspruch des X gegen A/B auf Schadensersatz aus §§ 823 I, 840 I
X könnte gegen A/B einen Anspruch auf Schadensersatz aus §§ 823 I, 840 I haben.

1. Es müsste zunächst eine **Verletzungshandlung** vorliegen. X ist gestürzt. Ein positives Tun von A/B ist nicht ersichtlich. Möglicherweise haben sie aber das Streuen des Weges unterlassen, was einem positiven Tun gleichzusetzen wäre. Eine **Garantenstellung** zum Einschreiten ergibt sich aus der Verkehrspflicht, etwaige Gefahrenquellen auf dem Grundstück zu beseitigen.

Möglicherweise konnten sie diese Pflicht durch den Vertragsschluss auf E übertragen. **Es ist umstritten, in wieweit eine haftungsbefreiende Übernahme von Verkehrspflichten durch Dritte möglich ist.**

a) Nach einer Ansicht ist eine solche haftungsbefreiende Übernahme **nicht möglich**. Eine von Gesetzes wegen bestehende Pflicht könne nicht nach eigenem Gutdünken durch Vereinbarung mit Dritten verändert werden.

b) Nach anderer Ansicht ist eine haftungsbefreiende Übernahme **möglich**. Ansonsten würde es auf eine verschuldensunabhängige Haftung des Erstgaranten hinauslaufen. Eine solche Gefährdungshaftung sei nur in den vom Gesetz vorgesehenen Fällen möglich.

c) Es ist überzeugend anzunehmen, dass eine haftungsbefreiende Übernahme möglich ist (so auch der BGH). Gleichzeitig wandeln sich **dann aber die Verkehrspflichten in Auswahl- und Überwachungspflichten um**. So darf man z.B. die Aufgaben nur an einen Dritten übertragen, der finanzstark genug ist, um Ersatzpflichten nachzukommen. Hier haben A/B die Aufgabe auf den solventen und zuverlässigen E übertragen. Damit sind A/B ihrer Auswahlpflicht nachgekommen.
Fraglich ist, ob sie ein **Überwachungsverschulden** trifft. A/B hätten an dem Morgen nachsehen können, ob E den Weg gestreut hatte. Jedoch besteht die Pflicht zur Überwachung nicht darin, jedes Mal das Ergebnis der Arbeit zu kontrollieren. Es reicht daher aus, wenn zum Zweck der Kontrolle Stichproben gemacht werden. E ist für seine Zuverlässigkeit und Solvenz bekannt. A/B konnten daher **darauf vertrauen**, dass E, wie jedes Mal zuvor, den Weg streuen würde. Ein Überwachungsverschulden liegt folglich **nicht** vor.

2. Damit liegt eine Verletzungshandlung nicht vor.

Ergebnis: X hat gegen A/B keinen Anspruch auf Schadensersatz aus §§ 823 I, 840 I.

a) Wichtige Leistungskondiktionen

I. Condictio indebiti (§ 812 I 1 Var. 1)

1. etwas erlangt

    (jeder vermögenswerte Vorteil)

2. durch Leistung eines anderen

    (Leistung ist die bewusste und zweckgerichtete Mehrung fremden Vermögens)

3. ohne rechtlichen Grund

    (von Anfang an, z.B. wegen Nichtigkeit des Verpflichtungsgeschäfts nach §§ 105,
    134, 138 und bei Anfechtung [so hM, a.A.: späterer Wegfall des rechtlichen Grundes,
    § 812 I 2 Var. 1])

4. kein Ausschluss nach §§ 814, 817 S.2 analog, 241a

Rechtsfolge: Herausgabe des Erlangten nach § 818 I

II. Herausgabepflicht des Dritten aus § 822

1. Bereicherungsanspruch des Anspruchstellers gegen den
Erstempfänger (aus §§ 812, 816 oder 822)

2. Erstempfänger muss etwas erlangt haben und

3. das Erlangte dann einem Dritten zugewendet haben

4. Erstempfänger ist wegen der Zuwendung an den Dritten nach § 818 III
entreichert

5. Unentgeltlichkeit der Zuwendung

Rechtsfolge: Herausgabepflicht dessen, der unentgeltlich erworben hat,
also des Dritten.

b) Wichtige Nichtleistungskondiktionen

I. Eingriffskondiktion (§ 812 I 1 Var. 2)

1. etwas erlangt

    (jeder vermögenswerte Vorteil, insb. Nutzung oder Verbrauch einer fremden Sache)

2. in sonstiger Weise (durch Zugriff in Zuweisungsgehalt eines fremden Rechts)

3. auf dessen Kosten (unmittelbare Vermögensverschiebung)

4. ohne rechtlichen Grund

    (wenn der erlangte Vermögensvorteil nach d. Rechtsordnung einem anderen gehört)

Rechtsfolge: Herausgabe des Erlangten nach § 818 I

II. Verwendungskondiktion (§ 812 I 1 Var. 2)

1. etwas erlangt

   (jeder vermögenswerte Vorteil, insb. Nutzung oder Verbrauch einer fremden Sache)

2. Verwendung auf ein fremdes Vermögensgut

   (Verwendung ist ein bewusstes Vermögensopfer, das einer Sache zugute kommt, ohne die Sache jedoch grundlegend zu verändern)

3. auf dessen Kosten

4. ohne rechtlichen Grund

   (wenn die Berechtigung/Verpflichtung z. Verwendung eigener Vermögenswerte fehlt)

Rechtsfolge: Herausgabe des Erlangten nach § 818 I

III. Entgeltliche Verfügung eines Nichtberechtigten (§ 816 I 1)

1. Verfügung

   (Rechtsgeschäft, das unmittelbar auf ein Recht durch Übertragung, Aufhebung, Belastung oder Inhaltsänderung einwirkt)

2. eines Nichtberechtigten

3. Wirksamkeit der entgeltlichen Verfügung

   (gegenüber dem Rechtsinhaber, durch gutgläubigen Erwerb oder Genehmigung, § 185 II 1)

4. etwas erlangt

Rechtsfolge: Herausgabe des vom Nichtberechtigten durch die Verfügung Erlangten

IV. Unentgeltliche Verfügung eines Nichtberechtigten (§ 816 I 2)

1. Verfügung

   (Rechtsgeschäft, das unmittelbar auf ein Recht durch Übertragung, Aufhebung, Belastung oder Inhaltsänderung einwirkt)

2. eines Nichtberechtigten

3. Wirksamkeit der Verfügung

   (gegenüber dem Rechtsinhaber, durch gutgläubigen Erwerb oder Genehmigung, § 185 II 1)

4. Unentgeltlichkeit der Verfügung

Rechtsfolge: Herausgabepflicht dessen, der unentgeltlich erworben hat.

Sachverhalt

Im Autohaus des V will K einen Gebrauchtwagen für 2.000 Euro kaufen. Bei den Verkaufsverhandlungen über das von K ausgewählte Modell erklärt A, Angestellter des Autohauses, der Wagen sei unfallfrei. In Wirklichkeit war der Wagen bereits zweimal in Unfälle verwickelt, was V, nicht aber A bekannt war. K zahlt den Kaufpreis mit Geldscheinen in bar an V und erhält den Wagen. Vier Wochen später wird der Wagen durch einen Unfall total zerstört. K trägt an dem Unfall keine Schuld. Nun erfährt er, dass es sich um einen Unfallwagen gehandelt hat. Er ficht den Kaufvertrag wegen arglistiger Täuschung an und verlangt von V Ersatz des Kaufpreises (abzüglich einer Nutzungsentschädigung) Zug um Zug gegen Herausgabe des Fahrzeugwracks.

Frage 1: Besteht ein bereicherungsrechtlicher Anspruch des K?
Frage 2: Ändert sich etwas, wenn K für den Unfall alleine verantwortlich war?

Lösung
Frage 1

Anspruch des K gegen V auf Rückzahlung des Kaufpreises in Höhe von 2.000 Euro aus § 812 I 1 Var. 1

K könnte einen Anspruch gegen V auf Rückzahlung des Kaufpreises in Höhe von 2.000 Euro aus § 812 I 1 Var. 1 haben. Dazu müsste V die 2.000 Euro durch eine Leistung des K rechtsgrundlos erlangt haben.

1. V hat von K **Eigentum und Besitz** an den Geldscheinen im Wert von 2.000 Euro erhalten, also etwas **erlangt**.

2. Weiterhin müsste V das Eigentum an den Geldscheinen **durch eine Leistung** des K erlangt haben. Dazu müsste K dem V die Geldscheine bewusst und zweckgerichtet zugewandt haben, um dessen Vermögen zu mehren. K hat die Geldscheine dem V bewusst gegeben, um den Wagen zu bezahlen. Folglich hat V das Eigentum an den Geldscheinen durch eine Leistung des K erlangt.

3. Diese Leistung des K an V müsste **ohne Rechtsgrund** erfolgt sein. Eine Leistung ist ohne rechtlichen Grund erlangt, wenn die zu erfüllende Verbindlichkeit nicht bestand oder nicht mehr besteht. Das ist der Fall, wenn zwischen K und V **kein wirksamer Kaufvertrag** bestand.

a) Zunächst hatten sich V und K über den Kauf eines Gebrauchtwagens geeinigt und einen Kaufvertrag nach § 433 abgeschlossen.

b) Dieser Kaufvertrag könnte jedoch aufgrund einer **Anfechtung nach § 142 I als von Anfang an als nichtig anzusehen** sein. Für eine Anfechtung bedarf es eines Anfechtungsgrundes, einer Anfechtungserklärung gegenüber dem richtigen Anfechtungsgegner und der Einhaltung einer Anfechtungsfrist.

aa) Als **Anfechtungsgrund** kommt hier eine arglistige Täuschung nach § 123 I Var. 1 in Betracht. Eine arglistige Täuschung liegt vor, wenn in einem Vertragspartner durch willentliche Vorspiegelung von Tatsachen ein Irrtum erregt wird und dieser Irrtum für die Abgabe einer Willenserklärung ursächlich ist. Durch die Erklärung, der Wagen sei unfallfrei, wurde eine nicht den Tatsachen entsprechende Vorstellung bei K hervorgerufen, weshalb dieser den Wagen gekauft hat. Damit liegt eine **Täuschung** vor. V wusste, dass der Wagen in Wirklichkeit ein Unfallwagen ist. Damit liegt auch Arglist gemäß § 123 I Var. 1 vor.

Problematisch ist jedoch, dass nicht V gegenüber K erklärt hatte, der Wagen sei unfallfrei, sondern A. Die Erklärung des A könnte V allerdings nach § 166 I **zuzurechnen** sein. Dazu müsste A **Vertreter** nach § 164 I sein. A gab eine eigene Willenserklärung ab, wobei sich aus den Umständen ergab, dass er im Namen des Geschäftsinhabers V handelte. **Als Angestellter handelt A mit Vollmacht und nach bestimmten Weisungen des Autohändlers V,** § 166 II 1. Folglich handelt es sich um eine Stellvertretung nach § 164. A wusste nichts von dem Unfall des Wagens. V dagegen war dies bekannt. Gemäß § 166 II 1 kann sich V nicht auf die Unkenntnis seines Vertreters berufen. Vielmehr muss sich V das Handeln des A nach § 166 I zurechnen lassen.

Diese Zurechnung könnte durch § 123 II unterbrochen sein. Hat ein Dritter eine Täuschung verübt, so ist nach dieser Vorschrift eine Erklärung nur anfechtbar, wenn auch der Vertragspartner die Täuschung kannte. „Dritte" im Sinne des § 123 II sind nur Personen, die an dem Geschäft völlig unbeteiligt sind. Hier steht der A aber im Lager des V und ist damit am Geschäft beteiligt. Damit wird die Zurechnung **nicht** durch § 123 II unterbrochen.

Es liegt also der **Anfechtungsgrund** der arglistigen Täuschung nach § 123 I Var. 1 vor.

bb) K hat die Anfechtung gegenüber V als **richtigem Anfechtungsgegner** gemäß § 143 I erklärt.

cc) Schließlich müsste K die **Anfechtungsfrist** des § 124 eingehalten haben. Die Anfechtung erfolgt nach dem Unfall, der vier Wochen nach Vertragsschluss stattfand. Damit hat K die Jahresfrist des § 124 I eingehalten.

Folglich hat K den Kaufvertrag erfolgreich angefochten. Damit ist der Kaufvertrag gemäß § 142 I als von Anfang an nichtig anzusehen. **Also hat V den Kaufpreis ohne Rechtsgrund erlangt.**

Infolgedessen liegen die Voraussetzungen eines Anspruchs des K aus § 812 I 1 Var. 1 vor.

4. Problematisch ist aber, dass K den Gebrauchtwagen wegen des Totalschadens nicht **mehr unversehrt zurückgeben** kann. V hat mangels eines wirksamen Kaufvertrages aus § 812 I 1 Var. 1 gegen K einen Gegenanspruch auf Herausgabe des Wagens. K kann jedoch den Wagen mangels Existenz nicht mehr herausgeben (nur noch das Wrack). **Folglich wandelt sich der Umfang des Bereicherungsanspruchs nach § 818 II auf den Ersatz des Wertes des Wagens um.** Zu beachten ist allerdings § 818 III. Danach müsste K keinen Wertersatz leisten, wenn er nicht mehr bereichert ist. Der Wagen ist zerstört, K kann ihn nicht mehr nutzen. Damit ist K gemäß § 818 III entreichert. Er muss also grundsätzlich keinen Wertersatz leisten.

Mit diesem Ergebnis würde V der Wert des Wagens nicht ersetzt werden, V müsste K aber die Kaufsumme in Höhe von 2.000 Euro herausgeben. Problematisch ist, dass damit das Risiko des Untergangs einer Sache nicht, wie üblich, den die Sache beherrschenden Eigentümer (hier K) zum Zeitpunkt des Untergangs trifft, sondern auf den Kondiktionsgläubiger (hier V) abgewälzt wird. Es ist umstritten, wie dieses Problem zu lösen ist.

a) Nach der **Zweikondiktionenlehre** stehen sich beide Kondiktionsansprüche (also des K gegen V auf Herausgabe des Geldes und des V gegen K auf Herausgabe des Wagens) **unabhängig gegenüber.** Dies würde bedeuten, dass sich der von K erhobene Einwand der Entreicherung nicht auf seinen Anspruch gegen V aus § 812 I 1 Var. 1 auswirkt. Folglich müsste V das Geld an K herausgeben, K müsste V aber keinen Wertersatz für den Wagen leisten.

b) Neuere Ansichten im Rahmen der Zweikondiktionenlehre wollen hingegen den Grund der **Entreicherung** berücksichtigen. Auf Entreicherung (§ 818 III) solle sich ein Schuldner dann berufen können, wenn die Sache durch Zufall untergegangen ist. Dagegen soll der Einwand der Entreicherung nicht durchgreifen, wenn der Schuldner den Untergang verursacht hat. Diese Überlegungen ergeben sich aus den Rechtsgedanken des Rücktrittsrechts (§ 346 II 1 Nr. 3, III 1 Nr. 3). Hier trifft K am Unfall keine Schuld. Folglich könnte sich K auf Entreicherung gemäß § 818 III berufen. Er müsste dann keinen Wertersatz an V leisten.

c) Dagegen lehnt die **von der Rechtsprechung entwickelte Saldotheorie** die Unabhängigkeit der beiden Ansprüche ab. Nach ihr stehen folglich die bei der Rückabwicklung gegenseitiger Verträge sich ergebenen Kondiktionsansprüche nicht isoliert gegenüber. **Die Leistungen sollten im Rahmen eines synallagmatischen Vertrages ausgetauscht werden.** Jede der beiden Leistungen sollte also nur um der Gegenleistung willen erbracht werden. Dieses Verhältnis soll sich nach der Rechtsprechung auch auf das Bereicherungsrecht auswirken. Indem im Rahmen des Bereicherungsausgleichs ein „**faktisches Synallagma**" bestehe, seien die Leistungen zu saldieren.

Es sei daraus zugunsten des einen Gläubigers ein einziger Kondiktionsanspruch in Höhe der Wertdifferenz zu bilden. **Der Wert der Entreicherung wird somit zum Abzugsposten des Gegenanspruchs.** Folglich könnte K den Wert des Kaufpreises nur Zug um Zug gegen Rückgabe des Wagens beanspruchen. Da der Wagen bei K untergegangen ist, kann er den Kaufpreis nicht in Höhe der 2.000 Euro zurückverlangen. Hier muss sich K also den Wert des erhaltenen und nicht mehr vorhandenen Wagens anrechnen lassen.

Dahinter steht der Gedanke, dass in gegenseitigen Verträgen (wie dem Kaufvertrag) eine Partei, die ihre Leistung nicht mehr zurückerhält, **selbst ebenfalls im Sinne des § 818 III entreichert ist,** weil sie diese – nun untergegangene Leistung – im Vertrauen auf die Beständigkeit des eigenen

Erwerbs erbracht hatte. Im Rahmen der Saldotheorie wird also bei gegenseitigen Verträgen § 818 III eingeschränkt. Folglich muss K bei seinem Anspruch aus § 812 I 1 Var. 1 gegen V berücksichtigen, dass er den Wagen nicht mehr herausgegeben kann. Durch den Totalschaden hat der Wagen keinen Wert mehr. Damit könnte K statt der 2.000 Euro nun mehr nur noch 0 Euro, also nichts, von V verlangen.

d) Die Saldotheorie **korrigiert die in § 818 III enthaltene Risikoverteilung** und die damit verbundenen unüblichen Risikoverschiebungen. Die Zweikondiktionenlehre verkennt, dass im Rahmen eines gegenseitigen Vertrages die gegenseitigen Ansprüche eng miteinander verknüpft sind. Dieses „faktische Synallagma" **muss auch Auswirkungen** auf den Bereicherungsausgleich haben. Daher ist der Saldotheorie zu folgen.

5. Zu beachten ist jedoch, dass die Saldotheorie die in § 818 III enthaltene Risikoverteilung *nicht* **in allen Fällen korrigiert.** Für einige Fallgruppen wird die ursprüngliche Risikoverteilung für vorzugswürdig erachtet. Damit wäre § 818 III wieder nach seinem Wortlaut einschlägig. Solche Fälle liegen vor, wenn ein Vertragsteil **besonders schutzwürdig** ist, nämlich wenn der Verkäufer den Käufer **arglistig getäuscht** hat (§ 123 I Var. 1) oder der Käufer **minderjährig** ist. Im letzten Fall würde ansonsten der Minderjährigenschutz der §§ 104 ff. ausgehöhlt, im ersten Fall soll der Täuschende durch Erbringung seiner Leistung nicht eine endgültige Verlagerung des Untergangsrisikos vornehmen können.

Hier hat A den K über die Unfallfreiheit des Wagens getäuscht, was sich V zurechnen lassen muss (siehe oben). Damit unterbleibt die Risikoverschiebung und § 818 III greift ein. Folglich kann sich K auf Entreicherung berufen. Er muss damit keinen Wertersatz nach § 818 II leisten.

Ergebnis: K hat einen Anspruch gegen V auf Rückzahlung des Kaufpreises in Höhe von 2.000 Euro aus § 812 I 1 Var. 1.

Frage 2

Fraglich ist hier, ob K den Anspruch auf Rückzahlung des Kaufpreises in Höhe von 2.000 Euro aus § 812 I 1 Var. 1 noch geltend machen kann, oder ob er davon den Wert des zerstörten Wagens abziehen muss.

1. Nach der **Zweikondiktionenlehre** stehen sich die beiden Kondiktionsansprüche isoliert gegenüber. Dem Anspruch des V aus §§ 812 I 1 Var. 1, 818 II kann K den Einwand der Entreicherung aus § 818 III entgegensetzen. K muss sich also den Wert des zerstörten Wagens nicht abziehen lassen.

2. Nach den **neueren Ansichten der Zweikondiktionenlehre** ist auf den Grund der Entreicherung abzustellen. K ist hier durch eigenes Verschulden nicht mehr nach § 818 III bereichert. Er hat mangelnde Sorgfalt walten lassen im Sinne der Rechtsgedanken von §§ 346 II 1 Nr. 3, III 1 Nr. 3, 277. Folglich muss sich K den Wert des zerstörten Wagens abziehen lassen.

3. Nach der **Saldotheorie** kann sich K, wenn er den Untergang nicht selbst verschuldet, bei einer arglistigen Täuschung durch V auf Entreicherung (§ 818 III) berufen. Dies entspricht **einer gerechten Risikoverteilung** (siehe Frage 1). Hier allerdings hat K den Untergang des Wagens selber zu verschulden. Er hätte den Unfall verhindern können. Damit liegt das den Wagen zerstörende Ereignis in der Sphäre des K.

Fraglich ist nun, ob die **Privilegierung des § 818 III wegfällt**. K wurde, wie gesehen, getäuscht. Sein Schutz als Getäuschter ist, zumindest solange er den Kaufvertrag noch nicht angefochten hat, vorrangig. K hatte den Kaufvertrag zum Zeitpunkt der Zerstörung des Wagens noch nicht angefochten. Damit müsste er sich den Wert des zerstörten Wagens nicht abziehen lassen. Eine Einschränkung gilt aus Billigkeitserwägungen (§ 242), wenn die Täuschung des Verkäufers nicht schwerwiegend war, das Verschulden des Käufers am Untergang der Sache dagegen hoch ist [BGHZ 57, 137, 146]. In solchen Fällen **kann sich der Rückgewähranspruch mindern**. Der Sachverhalt sagt nichts darüber aus, wie schwer die Täuschung des V und wie hoch das Verschulden des K ist. Deshalb ist von der Regel auszugehen, nach der K den Wert des Wagens nicht abziehen muss.

4. Die Ansichten kommen zu unterschiedlichen Ergebnissen. Eine Streitentscheidung ist daher notwendig. Es wäre unbillig, den V – der den K arglistig getäuscht hat – zu bevorteilen, weil K die Schuld an dem Unfall trägt. Zwar könnte man meinen, dass die grundsätzliche Wertung des § 818 III nur dann zum Zuge kommen soll, wenn beide Parteien den Untergang der Sache nicht vertreten müssen (wie bei Frage 1). Hat **eine Seite den Untergang zu vertreten, soll sich diese nicht zu Lasten des anderen auf eine Privilegierung berufen können.** Allerdings soll sich, wer einen Vertragspartner arglistig täuscht, nicht dadurch „befreien" können, dass der andere einen Fehler macht. Vergleichbar ist insoweit, dass sich der Täuschende auch nicht auf § 818 III berufen kann. **Mögliche Unbilligkeiten sind über § 242 auszuräumen.** Grundsätzlich aber ist die Saldotheorie vorzugswürdig.

Ergebnis: K muss also den Wert des zerstörten Wagens nicht abziehen. Folglich kann K den Anspruch auf Rückzahlung des Kaufpreises in Höhe von 2.000 Euro aus § 812 I 1 Var. 1 geltend machen.

Sachverhalt

A beauftragt den Bauunternehmer U, auf seinem Grundstück ein Einfamilienhaus zu errichten. U macht sich ans Werk: Die Steine für das Haus erwirbt U beim Verkäufer V. U baut die Steine in das Haus ein, wozu V mangels Zahlung noch nicht zugestimmt hatte. Die Stahlträger stiehlt U bei E und baut sie ebenfalls ein. Kurz nachdem das Haus fertig ist, wird U insolvent und kann nicht zahlen.

Frage 1: Können sich V und E nun an A halten?

Es hat sich herumgesprochen, dass A eventuell viel Geld an V und E zahlen muss. Niemand will A deshalb mehr Geld leihen – bis auf X. Der X gewährt dem A einen Kredit in Höhe von 10.000 Euro für 1 Jahr mit einem Zinssatz von 50 %. Zwar liegt der von der Bundesbank ausgewiesene Schwerpunktzins bei nur 5 % (per annum effektiv), aber X will sich „vollständig absichern". Nach einem Jahr soll A die 10.000 Euro sowie die 5.000 Euro Zinsen bezahlen. A lehnt das ab.

Frage 2: Zu Recht?

Lösung

Frage 1
I. Anspruch des V gegen A auf Wertersatz für die Steine aus §§ 951 I 1, 812 I 1 Var. 2
V könnte einen Anspruch gegen A auf Wertersatz für die Steine aus §§ 951 I 1, 812 I 1 Var. 2 haben. Voraussetzung des Rechtsfortwirkungsanspruchs des § 951 ist, dass V das Eigentum an den Steinen infolge einer der Vorschriften der §§ 946 bis 950 verloren hat.

1. A könnte das Eigentum an den Steinen **erlangt** haben. Dies könnte durch eine **Verbindung** der Steine mit dem Grundstück des A nach § 946 geschehen sein. Dazu müssten die Steine ein **wesentlicher Bestandteil des Grundstücks** geworden sein. Nach § 94 I gehören zum wesentlichen Bestandteil eines Grundstücks auch Gebäude, mithin auch das Gebäude des A. Nach § 94 II sind wesentliche Bestandteile eines Gebäudes die zur Herstellung eingefügten Sachen, also auch die Steine des V. Folglich hat A Eigentum an den Steinen gemäß §§ 946, 94 I, II erlangt. Damit ist für die Entschädigung des V § 951 I 1 einschlägig. § 951 I 1 stellt nach ganz herrschender Meinung eine **Rechtsgrundverweisung auf die Eingriffskondiktion** des Bereicherungsrechts dar. Folglich sind die Voraussetzungen des § 812 I 1 Var. 2 zu prüfen.

2. Jedoch ist wegen des **Vorrangs der Leistungskondiktion** gemäß § 812 I 1 Var. 1 zuerst eine Leistung auszuschließen. **Leistung ist die bewusste und zweckgerichtete Mehrung fremden Vermögens.** Eine Leistung des V an A kommt nicht in Betracht. Jedoch könnte U an A geleistet haben. Mit dem Einbau der Steine hat U das Vermögen des A bewusst und zweckgerichtet vermehrt. Wegen dieser Leistung des U an A ist ein Anspruch des V gegen A aus Nichtleistungskondiktion gesperrt.

Problematisch ist, dass der Lieferant damit leer ausgeht. Dies könnte in Fällen, in denen der Bauherr **bösgläubig** ist (§ 932 II) oder in Fällen des **Abhandenkommens** gemäß § 935 (hier: der Steine) zu unbilligen Ergebnissen führen. Deshalb ist mit dem BGH das Ergebnis wertend zu überprüfen.

Dazu zieht man eine Parallele mit dem rechtsgeschäftlichen Erwerb. Die Kontrollfrage lautet, ob bei V ein Eigentumsverlust eingetreten wäre, wenn U dem A (hypothetisch) die Steine vor einem Einbau übereignet hätte. Hat A durch eine solche Übereignung das Eigentum an den Steinen erlangt, ist er keinem Bereicherungsanspruch des Lieferanten aus § 812 ausgesetzt. Liegt aber keine Übereignung vor, sondern ein **direkter tatsächlicher Einbau der Steine (=** *gesetzlicher* **Eigentumserwerb)** kann nichts anderes gelten. Auch kann A keinem Bereicherungsanspruch des Lieferanten aus §§ 951, 812 ausgesetzt sein. Andernfalls wäre A durch den zufälligen Umstand, dass die Steine ihm nicht erst übereignet, sondern gleich bei ihm eingebaut worden sind, unverdient schlechter gestellt.

Ein Anspruch des Lieferanten aus § 812 kommt nur in Betracht, **wenn der (hypothetische) Eigentumserwerb aufgrund der Bösgläubigkeit oder eines Abhandenkommens scheitert.** Hier war A nicht bösgläubig gemäß § 932 II. Auch ein Abhandenkommen zu Lasten des V nach § 935 liegt nicht vor, da V die Steine seinem Käufer U übergeben hatte. Folglich bleibt der Kondiktionsanspruch des V gesperrt.

Ergebnis: V hat keinen Anspruch gegen A auf Wertersatz für die Steine aus §§ 951, 812 I 1 Var. 2.

II. Anspruch des E gegen A auf Wertersatz für die Stahlträger aus §§ 951 I 1, 812 I 1 Var. 2, 818 I, II

E könnte einen Anspruch gegen A auf Wertersatz für die Stahlträger aus §§ 951 I 1, 812 I 1 Var. 2, 818 I, II haben. Dazu müsste E das Eigentum an den Stahlträgern infolge einer der Vorschriften der §§ 946 bis 950 verloren haben.

1. A hat das Eigentum an den Stahlträgern durch **Einbau** gemäß §§ 946, 94 I, II erlangt. Damit ist für die **Entschädigung des E § 951 I 1** einschlägig. § 951 I 1 stellt eine Rechtsgrundverweisung auf das Bereicherungsrecht dar. Folglich sind die Voraussetzungen des § 812 I 1 Var. 2 (**Eingriffskondiktion**) zu prüfen.

2. Eine Eingriffskondiktion ist jedoch wegen des **Vorrangs der Leistungs-kondiktion** gesperrt, wenn eine Leistung vorliegt. Problematisch ist daher auch hier, dass U durch den Einbau der Stahlträger das Vermögen des A bewusst und zweckgerichtet gemehrt hat. Es liegt folglich eine Leistung des U vor. Damit wäre eine **Nichtleistungskondiktion**, hier in Form der Eingriffskondiktion, gesperrt. Jedoch muss erneut die Parallele zum rechtsgeschäftlichen Erwerb gezogen werden. Hier hätte A aufgrund § 935 kein Eigentum an den Stahlträgern nach §§ 929 ff. erworben. A wäre also zur Herausgabe der Stahlträger gemäß § 985 verpflichtet gewesen. Folglich verdient A nicht den Schutz des Vorrangs der Leistungskondiktion. Damit kommt eine Eingriffs-kondiktion nach § 812 I 1 Var. 2 in Betracht.

3. A müsste durch einen Eingriff auf Kosten des E **ohne rechtlichen Grund** etwas erlangt haben.

a) A hat das Eigentum an den Stahlträgern gemäß §§ 946, 94 II, III erlangt. Dieser Erwerb bedeutet einen Eigentumsverlust bei E, mithin **einen Eingriff in den wirtschaftlichen Zuweisungsgehalt des Eigentums** des E. Damit erfolgte ein Eingriff auf Kosten des E.

b) Dieser Eingriff müsste **ohne Rechtsgrund** (§ 812 I 1 Var. 2) erfolgt sein. Es ist kein Rechtsgrund, zum Beispiel in Form eines Vertrages, für die Vermögens-verschiebung ersichtlich. Folglich ist der Eingriff auch ohne Rechtsgrund erfolgt.

Ergebnis: E hat einen Anspruch gegen A auf Wertersatz für die Stahlträger aus §§ 951 I 1, 812 I 1 Var. 2, 818 I, II.

Frage 2

I. Anspruch des X gegen A auf Tilgung des Darlehens durch Rückzahlung von 10.000 Euro aus § 488 I 2

X könnte einen Anspruch gegen A auf Darlehenstilgung durch Rückzahlung von 10.000 Euro aus § 488 I 2 haben. Dazu müsste ein wirksamer Darlehensvertrag geschlossen worden sein.

1. X und A haben einen solchen **Vertrag** gemäß § 488 I **geschlossen.**

2. Der Vertrag könnte jedoch **nichtig** sein. In Betracht kommt § 138 in Form des Wuchers (§ 138 II). Danach müsste das Rechtsgeschäft gegen die guten Sitten verstoßen. **Sittenwidrig ist, was dem Anstandsgefühl aller billig und gerecht Denkenden widerspricht.**

a) Erforderlich ist zunächst *objektiv* **ein auffälliges Missverhältnis zwischen Leistung und Gegenleistung.** Bei Kreditverträgen wird die Grenze beim doppelten Marktzinssatz oder bei einer Überschreitung des Marktzinses um 12 Prozentpunkte gesehen. Ein solches Missverhältnis zwischen Leistung (Darlehen in relativ geringer Höhe für ein Jahr) und Gegenleistung (das Zehnfache des Marktzinses bzw. Überschreitung des Marktzinses um 45 Prozentpunkte) liegt hier vor.

b) *Subjektiv* **ist die Sittenwidrigkeit zu bejahen, wenn der Kreditgeber vorsätzlich** oder zumindest grob fahrlässig **die schwächere Seite des Kreditnehmers ausnutzt.** Dies liegt vor, wenn eine Zwangslage ausgebeutet wird. Eine Zwangslage bedeutet eine erhebliche Bedrängnis. A befand sich in finanziellen Schwierigkeiten. Niemand wollte ihm Geld leihen. X nutzt willentlich diese wirtschaftlich schlechte Lage des A aus.

c) Damit ist der Vertrag wegen Wuchers (§ 138 II) sittenwidrig und nichtig.

Ergebnis: X hat keinen Anspruch gegen A auf Darlehenstilgung durch Rückzahlung der 10.000 Euro aus § 488 I 2.

II. Anspruch des X gegen A auf Herausgabe der 10.000 Euro aus § 812 I 1 Var. 1

X könnte einen Anspruch gegen A auf Herausgabe der 10.000 Euro aus § 812 I 1 Var. 1 haben. Dazu müsste A eine Leistung des X ohne rechtlichen Grund erlangt haben.

1. A könnte das **Eigentum und den Besitz** an den 10.000 Euro **erlangt** haben. Das Rechtsgeschäft der dinglichen Einigung nach § 929 S.1 ist grundsätzlich sittlich neutral und wird deswegen von § 138 nicht erfasst. Folglich hat A das Eigentum und den Besitz an den 10.000 Euro erlangt (im Fall einer Banküberweisung auf das Girokonto das Schuldversprechen der Hausbank gemäß §§ 780 i.V.m. 676 f).

2. Dies müsste A durch eine Leistung des X **erlangt** haben. **Leistung ist die bewusste und zweckgerichtete Mehrung fremden Vermögens.** X hat A 10.000 Euro zur Verfügung gestellt. Damit hat X das Vermögen des A bewusst und zweckgerichtet vermehrt. Folglich liegt eine Leistung des X an A vor.

3. Dafür dürfte es **keinen Rechtsgrund** geben. Der Darlehensvertrag nach § 488 I ist wegen sittenwidriger Wucherei gemäß § 138 nichtig. Folglich ist ein Rechtsgrund nicht gegeben. Damit liegen die Voraussetzungen des § 812 I 1 Var. 1 vor.

4. Der Anspruch könnte jedoch nach § 817 S. 2 **ausgeschlossen** sein.

a) Problematisch ist zunächst, dass nach dem **Wortlaut** („gleichfalls") des § 817 S. 2 nur der Bereicherungsanspruch aus § 817 S. 1 gesperrt wird. **Eine solche Beschränkung ist aber aus systematischen Gründen abzulehnen,** da der Satz 2 so keine praktische Bedeutung mehr hätte. In Fällen des dann vorliegenden gegenseitigen Gesetzes- oder Sittenverstoßes wäre das Grundgeschäft immer nach §§ 134, 138 nichtig und folglich stets § 812 I gegeben. Will man der Vorschrift des § 817 S. 2 überhaupt einen Anwendungsbereich erhalten, muss man ihn daher auf alle Leistungskondiktionen, auch auf § 812 I 1 (analog) anwenden.

b) Der Leistende X hat hier mit Kenntnis gegen die guten Sitten, § 138, verstoßen.

c) Problematisch bei dieser Betrachtungsweise ist aber, dass A dann die 10.000 Euro behalten könnte. Es wäre also vorteilhaft, sich bewuchern zu lassen. **Deshalb wird bei der Bestimmung der „Leistung" gemäß § 817 Satz 2 eine wirtschaftliche Betrachtungsweise gewählt.** Ist eine Leistung zur zeitweisen Überlassung gegeben, wie hier das Darlehen, wird nur die vorübergehende Nutzungsmöglichkeit (beim Darlehen die sog. „Kapitalnutzung auf Zeit") als nicht rückforderbare Leistung bewertet. Nicht ausgeschlossen dagegen ist die Rückforderung des Gegenstandes als solchem (hier: des Darlehenskapitals).

Folglich ist der Anspruch auf Rückzahlung von 10.000 Euro nicht nach § 817 S. 2 analog ausgeschlossen.

Ergebnis: X hat einen Anspruch gegen A auf Herausgabe der 10.000 Euro aus § 812 I 1 Var. 1.

III. Anspruch des X gegen A auf Zahlung marktgerechter Zinsen aus § 488 I 2

X könnte einen Anspruch gegen A auf Zahlung marktgerechter Zinsen aus § 488 I 2 haben.

Dazu müsste ein Darlehensvertrag nach § 488 vorliegen. Wegen Wuchers ist der ursprünglich geschlossene Vertrag nichtig. Teilweise wird jedoch vertreten, dass in solchen Fällen die Zinsabrede nur teilunwirksam ist. Dies würde bedeuten, dass die Vereinbarung über Zinsen in Höhe eines angemessenen Zinssatzes wirksam geblieben ist. Man würde die nichtige Klausel also auf das zulässige Maß zurückführen (sog. **geltungserhaltende Reduktion**). Diese Ansicht der richterlichen Vertragskorrektur durch Reduktion der Nichtigkeit begünstigt den Wucherer, da er sicher sein könnte, jedenfalls den marktüblichen Zins zu erhalten. Folglich ist eine Teilunwirksamkeit abzulehnen.

Ergebnis: X hat keinen Anspruch gegen A auf Zahlung marktgerechter Zinsen aus § 488 I 2.

IV. Anspruch des X gegen A auf marktgerechte Zinszahlung aus § 812 I 1 Var. 1

X könnte einen Anspruch gegen A auf marktgerechte Zinszahlung aus § 812 I 1 Var. 1 haben.

1. A hat eine Leistung des X, das Darlehen (Nutzung von Kapital auf Zeit), ohne rechtlichen Grund gemäß § 812 I 1 Var. 1 erlangt.

a) Nach herrschender Ansicht steht diesem Anspruch der Ausschlusstatbestand des § 817 S.2 **entgegen**. § 817 S. 2 ist grundsätzlich bei Ansprüchen aus § 812 I 1 anwendbar (siehe dazu bereits oben).

b) *Medicus* will wenigstens einen **angemessenen** (wohl marktüblichen) **Zinssatzanspruch** gewähren, so dass sich der Anspruch des X auf 5 % per annum effektiv belaufen würde [Medicus, Bürgerliches Recht, Rdnr. 700].

c) Nach der herrschenden Ansicht wird der Vorschrift des § 817 S.2 ein Strafcharakter beigemessen, was zur Folge habe, dass der Wucherer überhaupt keinen Zins verlangen könne.
Dagegen spricht zwar die systematische Stellung des § 817 S.2 im Bürgerlichen Recht. Die Norm steht eben nicht im Strafrecht und Normen des BGB haben keinen Strafanspruch. **Der Standpunkt von *Medicus* führt zu einer geltungserhaltenden Reduktion des Vertrages.** Demjenigen, der die Grenzen des Zulässigen überschreitet – wie einem Wucherer – sollte aber das Recht einheitlich versagt werden. Sonst könnte er immer wieder Wucherzinsen verlangen, da er sicher sein kann, zumindest den marktüblichen Zins zu erhalten.

2. Damit steht dem Anspruch des X § 817 S. 2 entgegen.

Ergebnis: X hat keinen Anspruch gegen A auf Zahlung marktgerechter Zinsen aus § 812 I 1 Var. 1.

Ein weiterer Übungsfall zu § 951 i.V.m. Bereicherungsrecht findet sich in „25 Fälle zum Sachenrecht", Fall 8. ISBN 978-3-935150-64-4, Richterverlag.

Sachverhalt

Im Lagergebäude des A stehen 5000 Gießkannen. Davon veräußert er 300 Stück für 8.000 Euro an B. Nach Übergabe stellt A fest, dass er versehentlich nicht eigene Gießkannen veräußert hat, sondern Gießkannen, die er für E in einer anderen Ecke der Halle gelagert hatte. Diese Gießkannen des E hatten einen Wert von 6.000 Euro. Überraschenderweise ist E über den Verkauf der Gießkannen gar nicht unglücklich. Er selbst hätte einen solch guten Erlös nicht erzielen können.

Frage 1: Kann E von A die 8.000 Euro verlangen?

Abwandlung: A verkauft die Gießkannen an den 17jährigen B, der sie mitnimmt, um daraus ein Monumentalkunstwerk anzufertigen. Als die Eltern des B von dem Geschäft erfahren, sind sie empört und lehnen jede Zahlung ab.

Frage 2: Kann E mit Hilfe des Bereicherungsrechts gegen B und A vorgehen?

Lösung
Frage 1

Anspruch des E gegen A auf Herausgabe des Erlöses

E könnte gegen A einen Anspruch auf Herausgabe des Erlöses in Höhe von 8.000 Euro aus § 816 I 1 haben. Dazu müsste ein Nichtberechtigter über einen Gegenstand eine Verfügung getroffen haben, die dem Berechtigten gegenüber wirksam ist.

1. Zunächst müsste A **Nichtberechtigter** gewesen sein. Berechtigte sind der Eigentümer und der verfügungsbefugte Nichteigentümer. A war weder Eigentümer noch von E zur Verfügung über die Gießkannen ermächtigt. Daher war A Nichtberechtigter.

2. Ferner muss eine **Verfügung** vorliegen. **Eine Verfügung ist jedes Rechtsgeschäft, das sich unmittelbar auf den Bestand eines Rechts auswirkt, also die Übertragung, Aufhebung, Belastung oder Inhaltsänderung.** A hat sich mit B nach § 929 S.1 dinglich geeinigt und damit ein

Rechtsgeschäft über den Eigentumsübergang an den Gießkannen geschlossen. Folglich liegt eine Verfügung vor.

3. Die von A getroffene Verfügung müsste **gegenüber dem Berechtigten**, also hier dem Eigentümer E **wirksam** sein. Die ist der Fall, wenn E sein Eigentum aufgrund eines wirksamen Eigentumserwerbs des B verloren hat.

a) B könnte das Eigentum nach § 929 S.1 **erworben** haben. A hat sich mit B über den Eigentumsübergang geeinigt und die Gießkannen auch übergeben. A müsste Berechtigter gewesen sein. Allerdings war A als Nichteigentümer ohne Verfügungsbefugnis seitens des E Nichtberechtigter. Es könnte aber eine Genehmigung seitens des E nach § 185 II 1 vorliegen. E ist nicht unglücklich über Verkauf und Übereignung der Gießkannen. Er verlangt den Erlös heraus. Darin liegt **konkludent eine Genehmigung nach § 185 II 1, die rückwirkend wirkt**. Folglich gilt A im Rahmen des § 929 S.1 als verfügungsberechtigt [Hinweis: Die Rückwirkung wirkt sich nicht auf das unter 1. geprüfte Merkmal „Nichtberechtigter" aus. A bleibt also trotz Rückwirkung der Genehmigung „Nichtberechtigter" im Rahmen von § 816 I 1]. Im Ergebnis hat E das Eigentum an den Gießkannen durch Übereignung des A an B nach §§ 929 S.1, 185 II 1 verloren.

b) A hat demnach als **Nichtberechtigter** eine Verfügung getroffen, die gegenüber dem Berechtigten E wirksam ist. Nach § 816 I 1 ist er zur Herausgabe des Erlangten verpflichtet.

4. Fraglich ist, in welchem **Umfang das Erlangte herauszugeben** ist. A hat 8.000 Euro für die Gießkannen erhalten. Diese waren aber nur 6.000 Euro wert.

a) Nach einer Ansicht hat der ursprünglich Nichtberechtigte (hier A) nur Wertersatz nach § 818 II in **Höhe des objektiven Verkehrswertes** zu leisten. Dieser Verkehrswert liegt bei den Gießkannen bei 6.000 Euro. Den Mehrerlös soll der Veräußerer **aufgrund seiner Geschäftstüchtigkeit** behalten dürfen. Der Mehrerlös sei nicht „aus der Sache" erlangt. Damit würde sich der Zuweisungsgehalt des Eigentums nicht auf den Veräußerungsgewinn erstrecken. Folglich kann E von A nur 6.000 Euro fordern.

b) Nach der herrschenden Ansicht hat der ursprünglich Nichtberechtigte (hier A) auch den Mehrerlös zu ersetzen. A müsste also 8.000 Euro herausgeben.

Dies entspricht der Lösung zur **Wertbestimmung gemäß** § 951, bei der ebenso auf den Wertzuwachs beim Bereicherten abgestellt wird, nicht aber auf den Wert der vermischten oder verbundenen Sachen. Im Übrigen spricht auch **der Wortlaut des** § 816 I, der auf das „Erlangte" abstellt, **für** eine Herausgabepflicht hinsichtlich des vollen Betrags. Da der Berechtigte (hier E) das Risiko des Mindererlöses zu tragen hat, soll ihm auch der Mehrerlös zustehen.

Folglich muss A die tatsächlich erlangten 8.000 Euro herausgeben.

Ergebnis: E hat gegen A einen Anspruch auf Herausgabe des Erlöses aus § 816 I 1 in Höhe von 8.000 Euro.

Frage 2

I. Anspruch des E gegen B auf Herausgabe der Gießkannen aus § 816 I 2
E könnte gegen B einen Anspruch auf Herausgabe der Gießkannen aus § 816 I 2 haben.

1. Dazu müsste ein Nichtberechtigter eine unentgeltliche Verfügung getroffen haben, die dem Berechtigten gegenüber wirksam ist.
A hat durch die Übereignung der Gießkannen eine Verfügung getroffen (s.o.). Er war hinsichtlich der Verfügung Nichtberechtigter (s.o.). Die Verfügung müsste gegenüber E wirksam gewesen sein.

a) B könnte nach §§ 929 S.1, 932 **Eigentum** an den Gießkannen **erworben** haben. Die dingliche Einigung im Rahmen des § 929 S.1 setzt zwei übereinstimmende Willenserklärungen voraus. Die Wirksamkeit der Erklärung des B könnte an seiner Minderjährigkeit, § 2, scheitern. Er ist beschränkt geschäftsfähig gemäß § 106. Eine Einwilligung der Eltern nach § 108 I liegt nicht vor. Das Geschäft könnte einen **lediglich einen rechtlichen Vorteil** nach § 107 darstellen. Der Erwerb des Eigentums an den Gießkannen bringt dem B keine Nachteile. [Achtung, **Abstraktionsprinzip**: Die Verpflichtung zur Kaufpreiszahlung – mithin ein Nachteil – folgt aus dem schuldrechtlichen Kausalgeschäft!] Folglich liegen die Voraussetzungen des § 107 vor. Die Einigung ist wirksam, die Übergabe wurde vollzogen und B war infolge seines Unwissens hinsichtlich der Herkunft der Gießkannen auch **gutgläubig**. B könnte daher gemäß §§ 929 S.1, 932 Eigentum an den Gießkannen erworben haben.

b) Fraglich ist jedoch, ob ein **Abhandenkommen nach § 935 I 1** vorliegt. Nach § 935 I 2 gilt § 935 I 1 auch bezüglich des mittelbaren Besitzers (hier des E), wenn die Sache dem unmittelbaren Besitzer abhanden gekommen ist. A hat die Gießkannen für E im Lagerhaus aufbewahrt. Damit entstand ein **Besitzmittlungsverhältnis** nach § 868. A wurde **unmittelbarer Besitzer**. Er hat die Gießkannen allerdings freiwillig an B übergeben. Damit liegt kein Abhandenkommen nach § 935 I vor. Folglich hat B Eigentum an den Gießkannen erworben.

2. Die Verfügung des A war demnach gegenüber E wirksam. Allerdings wurden die Gießkannen verkauft. Damit **liegt keine unentgeltliche Verfügung** vor. Folglich scheidet eine direkte Anwendung des § 816 I 2 aus. In Betracht kommt aber eine **analoge Anwendung des § 816 I 2 für den Fall einer** *rechtsgrundlosen* **Verfügung** [vgl. BGHZ 47, 393].

a) Dafür müsste der zwischen A und B geschlossene Kaufvertrag **unwirksam** sein. Die Wirksamkeit der Erklärung des B könnte an seiner Minderjährigkeit, § 2, scheitern. Er ist beschränkt geschäftsfähig gemäß § 106. Eine Einwilligung der Eltern nach § 108 I liegt nicht vor. Der Kaufvertrag, verbunden mit der Verpflichtung zur Kaufpreiszahlung aus § 433 II, stellt auch keinen lediglich rechtlichen Vorteil nach § 107 dar. Damit ist der Kaufvertrag unwirksam. Es liegt ein Fall der **Rechtsgrundlosigkeit** vor.

b) Fraglich ist, ob der **rechtsgrundlose Erwerb dem unentgeltlichen Erwerb** gemäß § 816 I 2 gleichgestellt werden kann.

aa) Nach der **Einkondiktionenlehre** steht dem ursprünglichen Eigentümer analog § 816 I 2 ein unmittelbarer **Kondiktionsanspruch** gegenüber dem Erwerber zu. Diese Ansicht wird im wesentlichen auf ein *argumentum a maiore ad minus* gestützt: Wenn schon derjenige, welcher dinglich wirksam, obglcich unentgeltlich erworben hat, der direkten Kondiktion ausgesetzt ist, so müsse dies **erst recht für** den rechtsgrundlosen Erwerber gelten, der keinen besseren Schutz verdient als der unentgeltliche.

bb) Demgegenüber betont die **Lehre von der Doppelkondiktion**, dass eine Gleichsetzung von rechtsgrundloser und unentgeltlicher Verfügung nicht gerechtfertigt sei. Während der unentgeltliche Erwerber keine Erwerbsaufwendungen gemacht habe, die er vom Nichtberechtigten zurückverlangen könnte, hat der rechtsgrundlos Erlangende eine Gegenleistung erbracht, die er von dem Nichtberechtigten zurückfordern kann. Die Lehre von der Doppelkondiktion **trägt den maßgeblichen Wertungskriterien des Bereicherungsrechts Rechnung**: Einwendungserhalt gegenüber der anderen Vertragspartei und angemessene Verteilung des Insolvenzrisikos.

cc) Aus diesen Gründen ist der Lehre von der Doppelkondiktion zu folgen. Der Eigentümer, also E, hat keinen unmittelbaren Anspruch gegenüber dem Erwerber, hier B.

Ergebnis: E hat gegen B keinen Anspruch auf Herausgabe der Gießkannen aus § 816 I 2.

II. Anspruch des E gegen A auf Herausgabe des Erlangten aus § 816 I 1

E könnte gegen A einen Anspruch auf Herausgabe des Erlangten aus § 816 I 1 haben. Dazu müssten die Voraussetzungen des § 816 I 1 vorliegen.

Indem A die Gießkannen an B übereignet hat, hat er als Nichtberechtigter eine Verfügung getroffen, die dem Berechtigten E gegenüber wirksam ist (s.o.). A ist zur Herausgabe des Erlangten verpflichtet. Aufgrund des unwirksamen Kaufvertrags hat A gegen B einen Anspruch aus § 812 I 1 Var.1 auf Herausgabe der Gießkannen erlangt. Diesen Anspruch muss A an E herausgeben.

Ergebnis: E hat gegen A einen Anspruch aus § 816 I 1 auf Herausgabe des Erlangten (Abtretung des Herausgabeanspruchs des A gegen B aus § 812 I 1 Var.1).

Sachverhalt

Nach der Lektüre des Buches „How to become a psychic in 30 minutes" beschließt K, Wahrsager zu werden. Dazu kauft er im Esoterik-Shop des W eine einmalige Glaskugel aus dem Mittelalter für 3.500 Euro. K erteilt seiner Bank B einen Überweisungsauftrag über 3.500 Euro zugunsten des W, der ebenfalls ein Konto bei B hat. Als K den Überweisungsträger ausfüllt, ist er vorübergehend unerkannt geisteskrank.

Leider steht die Karriere des K als Wahrsager unter keinem guten Stern: Er entdeckt an der Unterseite der angeblich mittelalterlichen Glaskugel den Schriftzug „Made in Taiwan". K schickt einen Brief an W, in dem er deutlich macht, dass er sich an den Vertrag nicht mehr gebunden fühlt. Bevor der Brief ankommt, faxt K sofort an seine Bank, sie solle die Überweisung an W, die zu diesem Zeitpunkt noch nicht ausgeführt worden war, stoppen. Der Bankangestellte A, der noch von seiner Kneipentour am Wochenende benebelt ist, führt den Überweisungsauftrag versehentlich doch aus. W werden 3.500 Euro auf dem Konto gutgeschrieben. Er hebt den Betrag ab und fliegt von dem Geld spontan in den Luxusurlaub. Der Brief des K erreicht W erst, nachdem dieser aus dem Urlaub zurückgekehrt ist.

Frage 1: Hat B bereicherungsrechtliche Ansprüche gegen K und W?

Frage 2: Was ändert sich, wenn K seit seiner Geburt geisteskrank ist, und er lediglich beim Ausfüllen des Überweisungsauftrags an W einen lichten Augenblick hat (da er sehr viele Überweisungsaufträge auszufüllen hat, liest er die einzelnen Aufträge nicht durch, sondern unterschreibt einfach alle und schickt sie an die Bank)? Es ist davon auszugehen, das W das Geld nicht für seinen Urlaub verwendet hat.

Lösung
Frage 1

I. Anspruch der B gegen K aus §§ 812 I 1 Var.1, 818 I, II

B könnte einen Anspruch gegen K aus §§ 812 I 1 Var.1, 818 I, II auf Herausgabe von 3.500 Euro haben. Dazu müsste K etwas durch Leistung der B rechtsgrundlos erlangt haben.

1. Fraglich ist, welchen **Vermögensvorteil** K vorliegend erlangt hat. Man könnte argumentieren, dass K durch die Zuwendung des Geldes durch B an W von seiner **Kaufvertragsverbindlichkeit** nach § 362 I befreit wurde und in dieser Befreiung von einer Verbindlichkeit der erlangte Vermögensvorteil liegt.

2. Zu bedenken ist allerdings, dass K zum Zeitpunkt, in dem er das Überweisungsformular ausfüllte, **geisteskrank** war. Es könnte an einer wirksamen Tilgungsbestimmung im Rahmen des § 362 I fehlen. Die Tilgungsbestimmung ist nach einer Auffassung eine **Willenserklärung** und nach anderer Auffassung eine **rechtsgeschäftsähnliche Handlung**. In jedem Fall sind die Regeln über Willenserklärungen, insbesondere § 105 I, II anwendbar. Indem die Tilgungsbestimmung des K aufgrund seiner Geisteskrankheit nichtig war, wurde die Kaufpreisschuld nicht gemäß § 362 I erfüllt.

3. K hat folglich keinen Vermögensvorteil in Höhe von 3.500 Euro durch Befreiung von einer Verbindlichkeit gegenüber W erlangt.

Ergebnis: Folglich hat B gegen K keinen Anspruch auf Herausgabe in Höhe von 3.500 Euro aus §§ 812 I 1 Var.1, 818 I, II.

II. Anspruch der B gegen K aus §§ 812 I 1 Var.2, 818 I, II
Ein Anspruch der B gegen K aus 812 I 1 Var.2, 818 I, II auf Herausgabe von 3.500 Euro scheitert daran, dass K nichts erlangt hat (s.o.).

III. Anspruch der B gegen W aus §§ 812 I 1 Var.1, 818 I, II

B könnte gegen W einen Anspruch auf Rückzahlung von 3.500 Euro aus § 812 I 1 Var. 1 haben.

1. Dazu müsste W einen **Vermögensvorteil** erlangt haben. W hat durch die Gutschrift (**abstraktes Schuldversprechen gemäß § 780**) von 3.500 Euro auf seinem Konto eine Forderung gegen die Bank aus §§ 675, 676 g, 667 erhalten. Er hat einen Anspruch gegen seine Bank auf Auszahlung des Geldes erlangt.

2. Diesen Vermögensvorteil müsste W durch **Leistung**, also bewusste und zweckgerichtete Mehrung fremden Vermögens erlangt haben. Aus der Sicht des objektiven Dritten in der Person des Leistungsempfängers W war B bloße Zahlstelle, damit K seine Verbindlichkeit aus dem Kaufvertrag erfüllen konnte. Aus der Perspektive des W war nicht B, sondern K Leistender. Daher hat B nicht geleistet.

Ergebnis: Ein Anspruch der B gegen W auf Rückzahlung von 3.500 Euro aus § 812 I 1 Var. 1 besteht folglich nicht.

IV. Anspruch der B gegen W aus §§ 812 I 1 Var.2, 818 I, II

B könnte gegen W einen Anspruch auf Rückzahlung von 3.500 Euro aus §§ 812 I 1 Var. 2, 818 I, II haben.

1. W hat einen Vermögensvorteil erlangt (s.o.).

2. Diesen Vermögensvorteil dürfte W **nicht** durch Leistung, also bewusste und zweckgerichtete Mehrung fremden Vermögens erlangt haben. Eine Leistung liegt zwar nicht im Zuwendungsverhältnis zwischen B und W. Die Anwendbarkeit der **Nichtleistungskondiktion** erfordert allerdings, dass der Vermögensvorteil von niemandem geleistet worden ist (Subsidiarität der Nichtleistungskondiktion). Es dürfte also auch keine Leistung zwischen K und W vorgelegen haben. Fraglich ist, auf wessen Sicht es hier ankommt.

a) Aus Sicht des K wurde das Vermögen des W **nicht** willentlich und zweckgerichtet vermehrt, da K den Überweisungsauftrag wirksam widerrufen hatte.

b) Aus der Sicht des objektiven Dritten in der Person des Leistungsempfängers W, der auf seinem Überweisungsauszug einen Zahlungseingang von 3.500 Euro von K vorfindet, wollte K die Verbindlichkeit aus dem Kaufvertrag erfüllen und somit das Vermögen des W bewusst und zweckgerichtet mehren. Es liegt daher **aus der Perspektive des W** eine **Leistung** von K vor.

3. Ob eine Leistung vorliegt, wird **aus der Sicht des objektiven Dritten** in der **Person des Leistungsempfängers** ermittelt, wobei auch auf die Schutzwürdigkeit des Empfängers abzustellen ist. Hier wusste der Empfänger um den Widerruf des Überweisungsauftrages nicht und ist daher schutzwürdig. Es kommt also auf seine Sicht an. Damit liegt eine Leistung im Valutaverhältnis zwischen K und W vor.

4. Etwas anderes könnte sich daraus ergeben, dass K bei Erteilung des Überweisungsauftrags **unerkannt geisteskrank** war. In einem solchen Fall sind die Schutzwürdigkeit des Zuwendungsempfängers (hier W) und die Schutzwürdigkeit des Anweisenden, dem die Überweisung nicht zuzurechnen ist (hier K), abzuwägen. Die Zweckbestimmung im Rahmen der Leistung ist nach einer Auffassung eine Willenserklärung und nach anderer Auffassung eine rechtsgeschäftsähnliche Handlung. In jedem Fall sind die Regeln über Willenserklärungen, insbesondere § 105 I, II anwendbar.
Aufgrund seiner Geisteskrankheit war die Zweckbestimmung des K unwirksam. Indem es sich bei den getätigten Geschäften **nicht um solche des täglichen Lebens handelte**, scheidet auch eine Heilung nach § 105 a aus. Ist die Anweisung rechtsgeschäftlich unwirksam, liegt es nahe, dies in die Risikosphäre des Angewiesenen, also der Bank fallen zu lassen. **Nur die Bank ist in der Lage, die Anweisung zu überprüfen.** Diese Möglichkeit hat der Zuwendungsempfänger nicht. Einem Geschäftsunfähigen ist der Rechtsschein einer Anweisung nicht zuzurechnen. Der Schutz des Geisteskranken hat insofern Vorrang vor dem Verkehrsschutz. K kann die Überweisung überhaupt nicht zugerechnet werden, daher ist er schutzwürdig.

Folglich besteht **keine** Leistung des K an W.

5. Der von W erlangte Vermögensvorteil wurde also von **niemandem geleistet**. Der Nichtleistungskondiktion ist die Anwendung daher nicht verwehrt.

6. W müsste den Vermögensvorteil auf Kosten der B **erlangt** haben. Die Voraussetzung „auf dessen Kosten" in § 812 I 1 Var.2 dient dazu,

Bereichungsschuldner und -gläubiger zu bestimmen. Es muss eine **unmittelbare Vermögensverschiebung** erfolgt sein, die in den Zuweisungsgehalt eines Rechts des Bereicherungsgläubigers eingreift. Dies ist vorliegend unproblematisch, da die erlangte Forderung des W gerade gegenüber B besteht. Die Vermögensverschiebung ist daher unmittelbar.

7. Die Vermögensverschiebung muss **rechtsgrundlos** erfolgt sein. Zwischen W und B bestehen keine vertraglichen Beziehungen und ein außervertraglicher Rechtsgrund ist nicht ersichtlich. Folglich hat W die Forderung gegen B und das ihm später ausgezahlte Geld rechtsgrundlos erlangt.

8. W schuldet die **Herausgabe des Erlangten** nach § 818 I. Indem dies nicht mehr möglich ist, ist er zum Wertersatz nach § 818 II verpflichtet. Es kommt allerdings eine **Entreicherung** des W nach § 818 III in Betracht. Die Entreicherung könnte aufgrund der gebuchten Luxusreise bestehen. W finanziert sich die Reise spontan aufgrund des erhaltenen Geldes. Er hat keine Aufwendungen erspart, die er ohnehin getroffen hätte. Daher ist er entreichert.

9. Eine Berufung auf § 818 III könnte allerdings nach §§ 818 IV, 819 I ausgeschlossen sein. Dazu müsste W **den Mangel des rechtlichen Grundes gekannt haben**. Ihn erreicht die Nachricht vom Widerruf der Anweisung indes erst nach seiner Rückkehr aus dem Urlaub. Damit ist ihm der Einwand der Entreicherung nicht aufgrund von §§ 818 IV, 819 I verwehrt. Im Prozess muss W die Einrede des § 818 III freilich geltend machen.

Ergebnis: B hat gegen W keinen Anspruch auf Rückzahlung von 3.500 Euro aus § 812 I 1 Var. 2, 818 I, II.

Frage 2

I. Anspruch der B gegen W aus § 812 I 1 Var.1

B könnte einen Anspruch gegen W aus § 812 I 1 Var.1 haben. Dazu müsste W etwas durch Leistung der B rechtsgrundlos erlangt haben. Indem aus der Perspektive des W nicht B, sondern K Leistender war, hat B nicht geleistet (s.o.).

Ergebnis: Ein Anspruch der B gegen W auf Rückzahlung von 3.500 Euro aus § 812 I 1 Var. 1 besteht folglich nicht.

II. Anspruch der B gegen W aus §§ 812 I 1 Var.2, 818 I, II

B könnte gegen W einen Anspruch auf Rückzahlung von 3.500 Euro aus §§ 812 I 1 Var. 2, 818 I, II haben.

1. W hat einen **Vermögensvorteil** erlangt (s.o.).

2. Diesen Vermögensvorteil dürfte W **nicht** durch Leistung, also bewusste und zweckgerichtete Mehrung fremden Vermögens erlangt haben. Eine Leistung liegt zwar nicht im Zuwendungsverhältnis zwischen B und W. Die **Anwendbarkeit der Nichtleistungskondiktion** erfordert allerdings, dass der Vermögensvorteil von niemandem geleistet worden ist (**Subsidiarität** der Nichtleistungskondiktion).

3. Es dürfte also auch keine Leistung zwischen K und W vorgelegen haben. Aus **der Sicht des objektiven Dritten** in der Person des Leistungsempfängers W, der auf seinem Überweisungsauszug einen Zahlungseingang von 3.500 Euro von K vorfindet, wollte K die Verbindlichkeit aus dem Kaufvertrag erfüllen und somit das Vermögen des W bewusst und zweckgerichtet mehren. Es liegt daher aus seiner Perspektive **eine Leistung** von K vor. Somit ist die Nichtleistungskondiktion grundsätzlich **nicht** anwendbar.

4. Grundsätzlich muss die Abwicklung **entlang der Leistungsverhältnisse** geschehen: K muss von W kondizieren und B muss von K kondizieren. Etwas anderes könnte sich daraus ergeben, dass aufgrund der Geisteskrankheit des K nicht nur das Deckungsverhältnis zwischen K und B (Girovertrag), sondern auch das Valutaverhältnis zwischen K und W (Kaufvertrag) nichtig ist. Man könnte überlegen, ob man der Bank eine Direktkondiktion gegen W zubilligt.

Der Fluss des Geldes wäre direkter als wenn man nur eine Kondiktion „übers Eck" zuließe.

Gegen eine solche **Direktkondiktion** sprechen allerdings die drei von *Canaris* entwickelten **Wertungskriterien**, nach denen (a) jede Partei nur den Einwendungen seines Vertragspartner ausgesetzt sein soll, (b) keine Partei Einwendungen verlieren soll, die ihr gegenüber ihrem Vertragspartner zustehen und (c) jeder nur das Insolvenzrisiko seines Vertragspartners tragen soll.

Bei einer Direktkondiktion der B gegen W, verlöre W die Einwendungen, die ihm aus dem Vertragsverhältnis mit K zustehen. Darüber hinaus müsste B das Insolvenzrisiko des W tragen, obwohl W gar kein Vertragspartner der B ist. Eine Direktkondiktion scheidet daher aus. [Hinweis: Der Ausnahmefall, in dem eine Direktkondiktion zugelassen wird (das Deckungsverhältnis ist unwirksam und im Valutaverhältnis besteht eine unentgeltliche Leistung), liegt **nicht** vor.]

Ergebnis: B hat gegen W keinen Anspruch auf Rückzahlung von 3.500 Euro aus § 812 I 1 Var. 2.

III. Anspruch der B gegen K aus § 812 I 1 Var.1, 818 I, II

B könnte einen Anspruch gegen K aus §§ 812 I 1 Var.1, 818 I, II auf Herausgabe von 3.500 Euro haben. Dazu müsste K etwas durch Leistung der B rechtsgrundlos erlangt haben.

1. Fraglich ist, welchen Vermögensvorteil K vorliegend erlangt hat. In Betracht kommt die Erlangung eines Bereicherungsanspruchs gegen W.

a) K könnte einen Anspruch gegen W aus § 812 I 1 Var.1 haben. Dazu müsste W etwas durch **Leistung** des K rechtsgrundlos erlangt haben.

b) Als **erlangter Vermögensvorteil** kommt ein Anspruch des W gegen B auf Auszahlung des Geldes aus §§ 675, 676 g, 667 in Betracht.

c) Diesen Vermögensvorteil müsste W durch **Leistung**, also bewusste und zweckgerichtete Mehrung fremden Vermögens erlangt haben. Aus der Sicht des Leistungsempfängers W, auf die es maßgeblich ankommt, wollte K die Verbindlichkeit aus dem Kaufvertrag erfüllen und somit das Vermögen des W bewusst und zweckgerichtet mehren. Vom Widerruf der Überweisung weiß W nichts. Es liegt daher eine Leistung des K vor.

d) Diese Leistung müsste W **rechtgrundlos erhalten** haben. Einen Rechtsgrund könnte der zwischen K und W geschlossene Kaufvertrag darstellen. Dazu müsste der Kaufvertrag **wirksam** sein. Daran bestehen angesichts der **Geisteskrankheit** des K erhebliche Bedenken. Auf das Kaufangebot des K finden die Regeln über Willenserklärungen der §§ 104 ff. Anwendung. Aufgrund seiner Geisteskrankheit war die Willenserklärung nach § 105 I, II unwirksam (s.o.). Folglich ist kein Kaufvertrag zustande gekommen. Daher gibt es auch **keinen Rechtsgrund** für die Leistung des K.

e) K hat folglich einen Anspruch gegen W auf Herausgabe des Wertes des Erlangten in Höhe von 3.500 Euro aus §§ 812 I 1 Var.1, 818 I, II.

2. Den erlangten Bereicherungsanspruch gegen W müsste K durch **Leistung** der B erlangt haben. B müsste also das Vermögen des K bewusst und zweckgerichtet gemehrt haben. B wollte **ihre Verpflichtung aus dem Girovertrag (§ 676 f) erfüllen.** Sie hat damit bewusst und zweckgerichtet das Vermögen des K gemehrt. Folglich liegt eine Leistung der Bank an K vor.

3. Die Leistung der B an K müsste **rechtsgrundlos** erfolgt sein. Ein wirksamer Girovertrag bestand angesichts der Geisteskrankheit des K und dessen insofern unwirksamer Willenserklärung beim Abschluss des Vertrags nicht. Daher **fehlte** der rechtliche Grund für die Vermögensverschiebung.

4. Also hat B einen Anspruch gegen K aus §§ 812 I 1 Var.1, 818 I, II. Fraglich ist, worauf der Anspruch genau gerichtet ist. **Als Umfang kommt eine Kondiktion der Kondiktion in Betracht.** Man könnte also annehmen, dass K den gegen W erlangten Bereicherungsanspruch durch Abtretung (§ 398) an B herauszugeben hat. Man könnte allerdings auch vertreten, dass K zum Wertersatz verpflichtet ist, also B direkt die Zahlung von 3.500 Euro schuldet.

Um diese Frage zu erklären ist es hilfreich, sich der bereits dargestellten **Wertungskriterien** von *Canaris* zu bedienen. Bei der Kondiktion der Kondiktion stellt sich das Problem, dass sich die Bank die Einwendungen des W gegen K entgegenhalten lassen müsste, da im Rahmen einer Abtretung § 404 gilt. Darüber hinaus besteht eine Kumulierung des Insolvenzrisikos, da die Bank nicht nur das Risiko tragen müsste, dass ihr Vertragspartner K insolvent wird, sondern auch dass W insolvent wird, mit dem B in keinen vertraglichen Beziehungen steht. Dies ist unbillig. Vielmehr ist davon auszugehen, dass K den Leistungsgegenstand selbst erlangt hat, den B an W zugewendet hat. Dafür ist Wertersatz zu leisten. Folglich schuldet K der B 3.500 Euro.

Ergebnis: B hat einen Anspruch gegen K aus §§ 812 I 1 Var.1, 818 I, II auf Herausgabe von 3.500 Euro.

Sachverhalt

Um bei B einzubrechen, bestellt sich Einbrecher E bei einem Mainzer Versandhändler für Fastnachtsartikel (H) eine Strumpfmaske und eine Pistolenattrappe für 5 Euro. Wie geplant steigt E beim gut betuchten B ein und entwendet aus dessen Tresor 50 Aktien. Die Schwester (S) des E kauft diesem, ohne von der Herkunft der Aktien zu wissen, 40 Aktien zum Preis von 1200 Euro ab. Ferner zahlt sie ihm 10 Euro für die Strumpfmaske, die sie an Fastnacht tragen will. E versäuft das Geld. Später schenkt er seinem ahnungslosen Neffen N weitere 10 Aktien sowie die Spielzeugpistole. Plötzlich bekommt E Post vom Versandhändler, der schreibt, ihm sei gerade aufgefallen, dass er sich verschrieben habe und die bestellten Artikel nicht 5, sondern 25 Euro kosteten. Nachdem E die Nachzahlung von 20 Euro verweigert, verlangt H seine Artikel zurück. Auch B, der mittlerweile E der Tat überführt hat, will seine Aktien wieder haben. E wendet ein, dass die Sachen nun bei S und N lägen. Haben B und H bereicherungsrechtliche Ansprüche gegen S und N?

Lösung
Erster Teil: Ansprüche des B

I. Anspruch des B gegen S auf Herausgabe von 40 Aktien aus § 812 I 1 Var.2

B könnte einen Anspruch gegen S auf Herausgabe von 40 Aktien aus § 812 I 1 Var.2 haben.

a) Dazu müsste S etwas **erlangt** haben. S hat zumindest den Besitz an den Aktien erlangt.

b) Der **Vermögensvorteil** dürfte nicht durch Leistung erlangt worden sein. Leistung ist die bewusste und zweckgerichtete Mehrung fremden Vermögens. Wegen des Vorrangs der Leistungskondiktion darf niemand den Vermögensvorteil geleistet haben, damit die Nichtleistungskondiktion anwendbar ist. Vorliegend hat E das Vermögen der S bewusst und zweckgerichtet gemehrt. Indem eine Leistung von E an S vorliegt, scheidet eine Nichtleistungskondiktion des B gegen S grundsätzlich aus.

Ergebnis: B hat keinen Anspruch gegen S auf Herausgabe von 40 Aktien aus § 812 I 1 Var.2.

II. Anspruch des B gegen S auf Herausgabe von 40 Aktien aus § 816 I 2

B könnte einen Anspruch gegen S auf Herausgabe von 40 Aktien aus § 816 I 2 haben.

1. Dazu müsste E **Nichtberechtigter** gewesen sein. Nichtberechtigter ist, wer weder Eigentümer noch sonst zur Verfügung befugt ist (etwa aufgrund von § 185). E hat die Aktien bei B gestohlen und war damit Nichtberechtigter.

2. Ferner müsste eine **Verfügung** vorliegen. Eine Verfügung ist jedes Rechtsgeschäft, das sich unmittelbar auf den Bestand eines Rechts auswirkt, also die Übertragung, Aufhebung, Belastung oder Inhaltsänderung. E hat die Aktien an S übereignet. Damit liegt eine Verfügung vor.

3. Die Verfügung **müsste dem Berechtigten gegenüber wirksam** sein. Dies ist der Fall, wenn S Eigentümerin der Aktien geworden ist. In Betracht kommt eine Übereignung gemäß § 929 S.1. E und S haben sich **dinglich** über den Eigentumsübergang geeinigt und die Aktien auch übergeben. Es fehlt allerdings an der **Verfügungsberechtigung** des E. Diese Berechtigung könnte aufgrund der Vorschrift des § 932 überwunden werden.

a) S müsste **gutgläubig** gewesen sein, es dürfte ihr also nicht im Sinne des § 932 II infolge grober Fahrlässigkeit unbekannt gewesen sein, dass die Aktien nicht E gehörten. S hatte keine Anhaltspunkte, E zu misstrauen. Sie war gutgläubig.

b) Die Sache darf **nicht** gemäß § 935 I **abhanden** gekommen sein. Abhanden gekommen sind auch gestohlene Sachen. E hat die Aktien durch Diebstahl erlangt. Daher sind sie abhanden gekommen, was grundsätzlich einen gutgläubigen Erwerb ausschließt.

c) Es könnte allerdings eine **Ausnahme von § 935 I** vorliegen, nämlich § 935 II. Danach findet die Vorschrift des § 935 I auf Geld und Inhaberpapiere keine Anwendung. Eine **Aktie** ist (mit Ausnahme des Sonderfalls der Namensaktie) ein **Inhaberpapier** (das Recht aus dem Papier folgt dem Recht am Papier).

Folglich ist § 935 I unanwendbar, und S hat gutgläubig Eigentum an den Aktien erworben.
Damit war die Verfügung des E wirksam.

4. Die Verfügung müsste, damit neben E auch S zur Herausgabe gegenüber B verpflichtet wäre, **unentgeltlich** geschehen sein. E hat die Aktien an seine Schwester verkauft. Damit war das Geschäft nicht unentgeltlich.

Ergebnis: Ein Anspruch des B gegen S auf Herausgabe von 40 Aktien aus § 816 I 2 besteht nicht.

III. Anspruch des B gegen N auf Herausgabe von 10 Aktien aus § 812 I 1 Var.2
Der Anspruch scheitert am Vorrang der Leistungskondiktion (s.o.).

IV. Anspruch des B gegen N auf Herausgabe von 10 Aktien aus § 816 I 2
B könnte einen Anspruch gegen N auf Herausgabe von 10 Aktien aus § 816 I 2 haben.

1. B war als Dieb Nichtberechtigter (s.o.).

2. Durch die Eigentumsübertragung liegt auch eine **Verfügung** vor.

3. Die Verfügung war dem Berechtigten gegenüber auch wirksam nach §§ 929 S. 1, 932, 935 II (s.o.).

4. Die Verfügung müsste, damit neben E auch N zur Herausgabe gegenüber B verpflichtet wäre, unentgeltlich geschehen sein. E hat die Aktien an seinen Neffen verschenkt. Damit war das Geschäft unentgeltlich.

Ergebnis: B hat einen Anspruch gegen N auf Herausgabe von 10 Aktien aus § 816 I 2.

Zweiter Teil: Ansprüche des H

I. Anspruch des H gegen S auf Herausgabe der Strumpfmaske aus § 822

H könnte gegen S einen Anspruch auf Herausgabe der Strumpfmaske aus § 822 haben. Dazu müsste E als Empfänger der Strumpfmaske diese unentgeltlich einem Dritten zugewendet haben und infolgedessen müsste seine Verpflichtung zur Herausgabe ausgeschlossen sein.

1. Zunächst müsste E gegenüber H **bereicherungsrechtlich zur Herausgabe der Strumpfmaske verpflichtet** gewesen sein. In Betracht kommt ein Anspruch aus § 812 I 1 Var.1. E hat von H Eigentum und Besitz an der Strumpfmaske erlangt. Dies geschah auch durch **Leistung** des H. Es dürfte **kein Rechtsgrund** bestehen. Der Rechtsgrund liegt in dem zwischen H und E geschlossenen Kaufvertrag. Dieser Kaufvertrag könnte jedoch aufgrund einer **Anfechtung** nach § 142 I als von Anfang an als nichtig anzusehen sein. Für eine Anfechtung bedarf es eines Anfechtungsgrundes, einer Anfechtungs-erklärung gegenüber dem richtigen Anfechtungsgegner und der Einhaltung einer Anfechtungsfrist.

a) Als **Anfechtungsgrund** kommt hier ein **Erklärungsirrtum** nach § 119 I Var.2 in Betracht. Ein Erklärungsirrtum liegt vor, wenn der Erklärende etwas anderes äußert als er äußern wollte. Der Schreibfehler des H stellt einen solchen Erklärungsirrtum dar. Es liegt also der Anfechtungsgrund nach § 119 I Var. 2 vor.

b) H hat die Anfechtung gegenüber dem E als **richtigem Anfechtungsgegner** gemäß § 143 I **erklärt**.

c) Schließlich müsste H die **Anfechtungsfrist** des § 121 I eingehalten haben, also unverzüglich die Anfechtung erklärt haben. H hat mit seiner Anfechtung nicht schuldhaft gezögert und daher war die Anfechtung fristgemäß. Folglich hat H den Kaufvertrag erfolgreich angefochten. Damit ist der Kaufvertrag gemäß § 142 I als von Anfang an nichtig anzusehen. Der Kaufvertrag bietet keinen Rechtsgrund für das Behaltendürfen der Strumpfmaske.

2. Die Herausgabeverpflichtung des E müsste allerdings **ausgeschlossen** sein. Ein solcher Ausschluss kann sich infolge einer **Entreicherung** nach § 818 III ergeben. Entreicherung liegt vor, wenn sich der Vermögensgegenstand nicht mehr im Vermögen des Leistungsempfängers befindet. E hat die Strumpfmaske für 10 Euro an S verkauft. Damit befindet sich die Strumpfmaske nicht mehr in seinem Vermögen. Das Surrogat, also das Geld, hat er versoffen. Er ist somit nach § 818 III entreichert.

3. Die Verpflichtung des Empfängers zur Herausgabe müsste ausgeschlossen sein, weil er die Sache **einem anderen unentgeltlich zugewendet** hat. Die Pflicht des E zur Herausgabe der Strumpfmaske ist wegen § 818 III ausgeschlossen. Die Entreicherung beruht darauf, dass E die Strumpfmaske an S verkauft hat. Seine Verpflichtung zur Herausgabe ist also nicht ausgeschlossen, weil er die Sache einem anderen entgeltlich zugewendet hat.

Ergebnis: Ein Anspruch des H gegen S auf Herausgabe er Strumpfmaske aus § 822 besteht nicht.

II. Anspruch des H gegen N auf Herausgabe der Spielzeugpistole aus § 822

H könnte gegen N einen Anspruch auf Herausgabe der Spielzeugpistole aus § 822 haben. Dazu müsste E als Empfänger der Pistole diese unentgeltlich einem Dritten zugewendet haben und infolgedessen müsste seine Verpflichtung zur Herausgabe gegenüber H ausgeschlossen sein.

1. Zunächst müsste E gegenüber H **bereicherungsrechtlich zur Herausgabe der Spielzeugpistole** verpflichtet gewesen sein. Ein Anspruch aus § 812 I 1 Var.1 besteht, indem E durch Leistung des H Eigentum und Besitz an der Pistole erlangt hat, ohne dass dafür ein rechtlicher Grund besteht (Kaufvertrag ist nach § 142 I wirksam angefochten, s.o.)

2. Die **Herausgabeverpflichtung** des E war infolge der Schenkung nach § 818 III ausgeschlossen, indem sich der Vermögensgegenstand nicht mehr in seinem Vermögen befindet. Ein Surrogat hat E wegen der Unentgeltlichkeit des Geschäfts nicht erlangt.

3. Der **Ausschluss** zur Verpflichtung des E, die Pistole herauszugeben müsste darauf beruhen, dass er das Erlangte einem anderen unentgeltlich zugewendet hat. E hat die Pistole an N verschenkt. Darin liegt eine **unentgeltliche Zuwendung**. N ist daher wegen § 822 N als derjenige, der den Gegenstand unentgeltlich empfangen hat, zur Herausgabe an H verpflichtet.

Ergebnis: H hat einen Anspruch gegen N auf Herausgabe der Spielzeugpistole aus § 822.

III. Geschäftsführung ohne Auftrag (GoA)

I. Berechtigte GoA

1. Besorgung eines fremden Geschäfts

    (entspricht dem Begriff des Auftrags, § 662, und ist daher weit zu verstehen)

2. Fremdgeschäftsführungswille

    (Geschäftsführer handelt mit Bewusstsein und Willen, ein fremdes Geschäft zu führen)

3. Ohne Auftrag oder sonstige Berechtigung, § 677

    (Abgrenzung zum Auftrag und anderen Berechtigungsverhältnissen)

4. Besondere Berechtigung zur Geschäftsführung aus § 683 oder § 684

    (für den juristischen Laien scheint es jetzt paradox zu werden: Unter 3. wird als Voraussetzung verlangt, dass keine Berechtigung vorliegt. Und jetzt sprechen wir unter 4. von einer „berechtigten Geschäftsführung", die davon abhängt, dass sie objektiv dem Interesse und subjektiv dem wirklichen oder mutmaßlichen Willen des Geschäftsherrn entspricht. Das einerseits erforderliche Fehlen der Beauftragung oder Berechtigung (§ 677) und die andererseits nötigen Voraussetzungen einer berechtigten GoA aus § 683 haben nichts miteinander gemein!)

Rechtsfolgen unter anderem: Herausgabe des Erlangten; der Geschäftsführer hat dagegen Aufwendungsersatzansprüche

II. Unberechtigte GoA

1. Besorgung eines fremden Geschäfts

    (entspricht dem Begriff des Auftrags, § 662, und ist daher weit zu verstehen)

2. Fremdgeschäftsführungswille

    (Geschäftsführer handelt mit Bewusstsein und Willen, ein fremdes Geschäft zu führen)

3. Ohne Auftrag oder sonstige Berechtigung, § 677

    (Abgrenzung zum Auftrag und anderen Berechtigungsverhältnissen)

4. Keine besondere Berechtigung zur Geschäftsführung aus § 683 oder § 684

(Geschäftsführer handelt unberechtigt und rechtswidrig)

Rechtsfolgen unter anderem: Schadensersatz

Nächste Seite: Übersicht zur Geschäftsführung ohne Auftrag (GoA)

GF: Geschäftsführer, GH: Geschäftsherr

Echte GoA (§ 677)		Unechte GoA (§ 687)	
Fremdgeschäftsführungswille (= bewusstes Handeln für einen anderen), wird beim obj. fremden und auch-fremden Geschäft vermutet und muss nur beim objektiv neutralen Geschäft nachgewiesen werden		Kein Fremdgeschäftsführungswille	
Berechtigte GoA, § 683 S.1	Unberechtigte GoA, § 678	Vermeintliche GoA, § 687 I	Geschäfts-anmaßung, § 687 II
Geschäftsübernahme des GF entspricht dem Willen und dem Interesse des GH, § 683 S.1. *oder* Trotz entgegenstehendem Willen des GH ist die Geschäftsführung erforderlich für die Erfüllung einer Pflicht, die im öffentlichen Interesse steht, § 683 S.2, 679. *oder* Genehmigung durch den GH, § 684 S.2	Berechtigung fehlt (weder § 683 S.1 noch § 683 S.2 noch § 684 S.2 einschlägig).	Ein fremdes Geschäft wird vom GF in der Meinung besorgt, es sei sein eigenes.	GF besorgt ein fremdes Geschäft vorsätzlich als eigenes.
Rechtsfolgen: GF → GH Aufwendungsersatz, §§ 683 S.1, 677, 670 GH → GF Schadensersatz bei Pflichtverletzung, § 280 I (GoA als Schuldverhältnis) GH → GF Herausgabe des aus der Geschäftsführung Erlangten, §§ 681 S.2, 667	**Rechtsfolgen:** GH → GF Schadens-ersatz, § 678 GH → GF Herausgabe des durch die Geschäfts-führung Erlangten, §§ 684 S.1, 812 I 1 Var.1	**Rechtsfolgen:** Vorschriften über die GoA sind unanwendbar.	**Rechtsfolgen:** GH → GF Herausgabe des Erlangten, §§ 687 II S.1, 681S. 2, 667 GF → GH Schadensersatz, §§ 687 II S.1, 678

Sachverhalt

A fährt in seinem neuen BMW durch die engen Gassen von Bad Breisig. Plötzlich frischt es auf und der Rollstuhlfahrer R wird von einer Windhose auf die Straße gedrückt. A, der die Geschwindigkeitsbegrenzung eingehalten hat, kann dem R im letzten Moment ausweichen. Der BMW schrammt dadurch aber an einer Hauswand entlang. Für eine neue Lackierung muss A 4.000 Euro aufwenden. A verlangt diese von R. Zu Recht? (Ansprüche aus StVG sind nicht zu prüfen.)

Lösung

I. Anspruch des A auf Ersatz der 4.000 Euro aus §§ 683 S.1, 677, 670

A könnte gegen R einen Anspruch auf Ersatz der Lackschäden in Höhe von 4.000 Euro aus §§ 683 S.1, 677, 670 haben. Dazu müssten die Voraussetzungen einer berechtigten GoA vorliegen.

1. Zunächst müsste seitens des A eine **Geschäftsführung** vorliegen. Der Begriff „Geschäftsführung" entspricht dem des Auftrags in § 662 und ist daher weit zu verstehen und umfasst jedes Tätigwerden. Auch das Ausweichen mit dem PKW wird davon erfasst. Folglich ist eine Geschäftsführung gegeben.

2. Weiterhin müsste A mit **Fremdgeschäftsführungswillen** gehandelt haben. Dies bedeutet, dass der Geschäftsführer mit dem Bewusstsein und dem Willen handelt, ein fremdes Geschäft zu führen. Problematisch ist hier, ob A tatsächlich ein **ausschließlich fremdes Geschäft** geführt hat. Durch das Ausweichen hat A eine eigene Haftung aus § 7 I StVG (Gefährdungshaftung) vermeiden wollen. Eine Haftung aus § 7 I StVG ist jedoch nach § 7 II StVG ausgeschlossen, wenn „höhere Gewalt" vorliegt. Als „höhere Gewalt" werden nur betriebsfremde, von außen durch elementare Naturkräfte oder durch Handlungen dritter Personen herbeigeführte Ereignisse anerkannt, die nach menschlicher Einsicht und Erfahrung unvorhersehbar sind. Eine plötzliche Windhose ist eine **elementare Naturkraft**, die „höhere Gewalt" darstellt. Damit musste A nicht seine eigene Haftung vermeiden. Folglich liegt ein ausschließlich fremdes Geschäft vor. In diesen Fällen wird der Fremdgeschäftsführungswille vermutet.

3. Weiterhin setzt ein Anspruch aus §§ 683 S.1, 677, 670 voraus, dass gegenüber dem Geschäftsherrn **weder ein Auftragsverhältnis noch ein sonstiges Rechtsverhältnis bestehen** darf, aus dem sich eine Berechtigung zur Übernahme eines Geschäfts herleiten lässt (§ 677). Ein Auftrag oder eine sonstige Berechtigung liegt bei A nicht vor. Aus § 680 ergibt sich zudem, dass die allgemeine Hilfeleistungspflicht bei Unglücksfällen gemäß § 323 c StGB keine die GoA ausschließende Berechtigung ist.

4. Schließlich müsste die Geschäftsführung des A hier dem **objektiven Interesse** und dem **wirklichen oder mutmaßlichen Willen** des R entsprechen, § 683 S.1.

a) Zunächst muss die Handlung dem **objektiven Interesse** des R entsprechen. Ein objektives Interesse liegt vor, wenn die Übernahme für den Geschäftsherrn **objektiv nützlich** ist. Durch das Ausweichen mit dem PKW konnte A einen Zusammenstoß mit R vermeiden. Dies ist für R gesundheits- und lebenserhaltend, folglich objektiv nützlich und somit in seinem objektiven Interesse.

b) Weiterhin müsste das Ausweichen dem wirklichen oder mutmaßlichen Willen des R als Geschäftsherrn entsprechen. Ein tatsächlich geäußerter Wille liegt nicht vor. Entscheidend ist folglich der **mutmaßliche Wille**. Bei diesem ist danach zu fragen, ob der Geschäftsherr bei objektiver Beurteilung der Gesamtumstände der Geschäftsübernahme zugestimmt hätte. Hier hätte R bei Kenntnis der Situation einem Ausweichen des PKW zwecks eigener Gesundheits- und Lebenserhaltung zugestimmt. Folglich entspricht das Verhalten des A dem mutmaßlichen Willen des R.

A war damit zur Geschäftsführung nach § 683 S.1 berechtigt.

5. Damit steht A ein **Anspruch auf Aufwendungsersatz** aus §§ 683 S.1, 677, 670 zu. Problematisch ist hier jedoch, dass A durch die Schrammen im Lack einen Schaden erlitten hat. **Die Frage ist, ob solche Schäden auch unter „Aufwendungen" fallen.** Aufwendungen sind Vermögensopfer, die der Geschäftsführer zum Zwecke der Ausführung des Geschäfts freiwillig macht. Der Schaden im Lack ist für A allerdings ein unfreiwilliger Nachteil. Jedoch werden unter „Aufwendungen" auch sogenannte **„risikotypische Begleitschäden"** subsumiert, mithin Vermögensopfer, die sich als notwendige Folge der Ausführung ergeben. Dies folgt aus dem Rechtsgedanken der Risikozurechnungslehre des § 110 HGB. Hier ergibt sich der Schaden am Lack aus dem Risiko der Geschäftsausführung und nicht aus einem allgemeinen Lebensrisiko. Folglich sind „Aufwendungen" gemäß § 683 S.1 entstanden.

6. Zuletzt ist jedoch zu beachten, dass der Anspruch des A auf den **Träger der gesetzlichen Unfallversicherung übergegangen** sein könnte. Hier liegt in der Selbstaufopferung des A eine Nothilfe vor, bei der die Unfallversicherung nach §§ 2 I Nr. 13 a, 13 SGB VII Leistungen zur Erstattung der Schäden des Geschäftsführers, hier also an A, zu erbringen hat. Nach § 13 S. 2 SGB VII i.V.m. § 116 SGB X richtet sich der Anspruch des A also gegen den Träger der gesetzlichen Unfallversicherung (Fall der „**cessio legis**") und folglich nicht gegen R.

Ergebnis: A hat keinen Anspruch gegen R auf Ersatz der 4.000 Euro aus §§ 683 S.1, 677, 670.

II. Anspruch des A gegen R auf Ersatz der 4.000 Euro aus § 823 I
A könnte gegen R einen Anspruch auf Schadensersatz aus § 823 I haben.

1. Dazu müsste zunächst ein **Rechtsgut** des A gemäß § 823 I **verletzt** worden sein. Der BMW steht im Eigentum des A. Folglich ist sein Eigentum nach § 823 I verletzt.

2. Dies müsste durch eine **zurechenbare Handlung** des R geschehen sein. R stand plötzlich mit seinem Rollstuhl auf der Straße. Fraglich ist, ob ihm dies zuzurechnen sein kann. Die Windhose kam plötzlich, R musste in einer deutschen Stadt nicht mit diesem Wetterphänomen rechnen. Folglich kann R das Verhalten nicht zugerechnet werden.

Ergebnis: A hat keinen Anspruch gegen R auf Schadensersatz aus § 823 I

Sachverhalt

A ist ein leidenschaftlicher Fan von Madonna. Leider sind alle Karten für Madonnas allerletztes Konzert in der Frankfurter Festhalle schon ausverkauft. Die Bemühungen des A, doch noch eine Karte zu kaufen, schlagen fehl, obwohl er bis zu 500 Euro zu zahlen bereit ist. B, ein Arbeitskollege des A, hasst Madonna. B trifft auf einer Party C, der ihm erzählt, er habe gerade eine Madonna-Konzertkarte bei einem Radiosender gewonnen. Da er kein Madonna-Fan sei, wolle er die Karte für 300 Euro verkaufen. B versucht sofort, A auf seinem Handy anzurufen, erreicht ihn aber nicht, da A alleine Kurzurlaub in Welschbillig-Träg macht. B beschließt, die Karte für A zu kaufen, legt dies aber gegenüber C nicht offen. Nach der Rückkehr des A kommt B ihm triumphierend mit der Konzertkarte entgegen. Zum Schrecken des B erzählt A, dass er während seines Urlaubs Adept der Zwölftonmusik geworden sei und nun Madonnas Musik für „unmusikalisch" halte. Diese Wandlung habe sich bereits am ersten Urlaubstag vollzogen, er habe es aber noch niemandem erzählt. B ist erschrocken. Er sagt zu A, dass er von all dem nichts habe wissen können und verlangt von ihm die Zahlung von 300 Euro.

Wie ist die Rechtslage?

Lösung
Anspruch des B gegen A aus §§ 683 S. 1, 677, 670

B könnte gegen A einen Anspruch aus §§ 683 S. 1, 677, 670 auf Ersatz der Aufwendungen in Höhe von 300 Euro haben. Der Aufwendungsersatzanspruch setzt jedoch voraus, dass eine berechtigte Geschäftsführung ohne Auftrag i.S.d. § 677 vorliegt.

B müsste also ein fremdes Geschäft mit Fremdgeschäftsführungswillen getätigt haben, ohne dazu berechtigt gewesen zu sein, wobei die Übernahme der Geschäftsführung dem Willen und dem Interesse des Geschäftsherrn entsprechen musste.

1. B müsste zunächst ein **Geschäft besorgt haben.** Unter „Geschäft" fällt jedes Tätigwerden. Indem B die Konzertkarte erwarb, wurde er tätig und führte damit ein Geschäft i.S.d. § 677.

2. Dieses Geschäft müsste **fremd** gewesen sein. Ein Geschäft ist fremd, wenn es **zumindest auch in den Pflichten- und Interessenkreis eines anderen fällt**. Dagegen ist ein Geschäft objektiv neutral, wenn man vom äußeren Erscheinungsbild nicht darauf schließen kann, in wessen Pflichten- und Interessenkreis das Geschäft fällt. Der Abschluss eines Kaufvertrags ist ein Geschäft, dem man von **außen nicht ansieht**, in wessen Pflichtenkreis es fällt. Folglich handelt es sich um **ein objektiv neutrales Geschäft**. Ein solches objektiv neutrales Geschäft kann zum fremden Geschäft werden, wenn der Geschäftsführer dem Geschäft eine erkennbare Bestimmung als fremdes Geschäft gibt (sog. **subjektiv fremdes Geschäft**). B müsste folglich einen Fremdgeschäftsführungswillen gehabt haben.

B kaufte die Karte nicht für sich, sondern für A. Problematisch könnte allerdings sein, dass er gegenüber niemandem offengelegt hat, dass er nicht für sich selbst, sondern für A handelte. Während der **Fremdgeschäftsführungswille** bei objektiv fremden Geschäften vermutet wird, muss bei subjektiv fremden Geschäften der Fremdgeschäftsführungswille **hinreichend nach außen treten**. Es ist allerdings nicht erforderlich, dass der Fremdgeschäftsführungswille gegenüber dem Verkäufer geäußert wird. Er muss nur irgendwie nach außen erkennbar sein. B selbst hasst Madonna. Es ist daher ausgeschlossen, dass er die Karte für sich selbst erwerben will. Folglich ist aus dem Umständen zu entnehmen, dass B mit Fremdgeschäftsführungswillen gehandelt hat. Folglich liegt ein subjektiv fremdes Geschäft vor.

3. B müsste **ohne Auftrag oder sonstige Berechtigung** gehandelt haben. Eine Berechtigung zur Geschäftsführung könnte sich aus Rechtsgeschäft oder aus Gesetz ergeben. B wurde von A nicht beauftragt. Eine rechtsgeschäftliche Berechtigung scheidet daher aus. Auch sonst ist keine Berechtigung zu ersehen. B hat daher ohne Berechtigung gehandelt.

4. Eine weitere Voraussetzung für einen Aufwendungsersatz nach §§ 681 S.2, 670 ist das **Führen des Geschäfts im Interesse** und nach dem **wirklichen oder mutmaßlichen Willen** des Geschäftsherrn.

a) Der Ankauf der Konzertkarte müsste also dem Willen des A entsprochen haben. Der wirkliche Wille geht dem mutmaßlichen Willen vor. Nur wenn ein wirklicher Wille nicht erforschbar ist, kommt es auf den mutmaßlichen Willen an. Zu dem Zeitpunkt, in dem B die Karte erwarb, war A bereits Anhänger der Zwölftonmusik. Er hatte sich also schon von Madonna abgewandt. Folglich widersprach der Kauf der Eintrittskarte dem Willen des A. Problematisch ist allerdings, **dass A niemandem verraten hat, dass er von Madonna nichts mehr hält.** Sein Wille ist nicht nach außen getreten. Ferner war A im Urlaub nicht erreichbar. Es war also auch nicht möglich, seinen wirklichen Willen zu erforschen. Deswegen kann ausnahmsweise auf seinen mutmaßlichen Willen abgestellt werden.

b) Der Ankauf der Karte könnte mit **dem mutmaßlichen Willen** des A in Einklang stehen. Die Geschäftsführung entspricht dem mutmaßlichen Willen des Geschäftsherrn, wenn dieser **bei objektiver Berücksichtigung aller Umstände, insbesondere früherer Äußerungen, der Geschäftsführung zugestimmt hätte.** A war dafür bekannt, dass er Madonna-Fan war und verzweifelt nach einer Eintrittskarte für das Konzert suchte. Angesichts dieser Umstände und der früheren Äußerungen des A musste man davon ausgehen, dass er dem Kauf der Karte zugestimmt hätte. Die Geschäftsführung entsprach folglich dem mutmaßlichen Willen des A.

5. Schließlich muss die Geschäftsführung des B im Interesse des A gewesen sein (vgl. § 677). **Dem Interesse entspricht die Geschäftsführung, wenn sie objektiv nützlich ist.** Regelmäßig ist davon auszugehen, dass das Interesse dem mutmaßlichen Willen entspricht. Eine Ausnahme ist lediglich dann anzunehmen, wenn sich das getätigte Geschäft als völlig unvernünftig darstellt. Im vorliegenden Fall hat der Geschäftsführer B eine Konzertkarte für 300 Euro erworben. 300 Euro sind viel Geld für eine Eintrittskarte zu einem Popkonzert. Man muss allerdings bedenken, dass das Konzert ausverkauft war. So genannte „ Schwarzmarktpreise" für Konzertkarten liegen wesentlich höher als die regulären Vorverkaufspreise. Dies ist bei der Beurteilung zu berücksichtigen. Darüber hinaus hatte A **früher selbst geäußert**, er sei bereit, **bis zu 500 Euro** für die Teilnahme am Madonna-Konzert auszugeben. Der Kauf der Karte für 300 Euro stellt sich deswegen **nicht** als völlig unvernünftig dar. Die Geschäftsführung des B stand im Interesse des A.

6. Indem alle Voraussetzungen der §§ 683 S.1, 677, 670 vorliegen, kann B als Rechtsfolge von A **Aufwendungsersatz** verlangen. Aufwendungen sind freiwillige Vermögensopfer des Geschäftsführers, die dieser für erforderlich halten durfte. **Durch die Zahlung von 300 Euro hat B freiwillig ein Vermögensopfer erbracht.** Dieses Vermögensopfer war auch erforderlich, um A zu einer Karte zu verhelfen.

7. A ist gegenüber B also zur Zahlung von 300 Euro als Aufwendungsersatz aus §§ 683 S.1, 677, 670 verpflichtet.

8. Möglicherweise könnte A diesem Anspruch ein **Zurückbehaltungsrecht** nach § 273 I einredeweise entgegensetzen, was zur Folge hätte, dass A nur Zug um Zug gegen Bewirkung der ihm gebührenden Leistung zahlen müsste (§ 274 I). Ein Zurückbehaltungsrecht kann A nur geltend machen, wenn ihm ein **wirksamer und fälliger Anspruch** zusteht, der im **Gegenseitigkeitsverhältnis** mit dem Aufwendungsersatz des B steht.

a) A könnte gegen B einen **Anspruch auf Übergabe und Übereignung der Konzertkarte aus §§ 681 S. 2, 667** haben. Dazu müsste der Geschäftsführer im Rahmen einer berechtigten Geschäftsführung ohne Auftrag die Konzertkarte erlangt haben.

b) Indem B durch den Kauf der Konzertkarte ein fremdes Geschäft des A in dessen mutmaßlichen Willen und in seinem Interesse geführt hat, bestand eine **berechtigte Geschäftsführung ohne Auftrag.** B ist folglich nach § 667 verpflichtet, das aus der Geschäftsführung Erlangte herauszugeben. B könnte das Eigentum an der Karte erlangt haben. C hat die Karte gemäß § 929 S.1 an B übereignet. B hat also Eigentum an der Eintrittskarte erworben. Dies geschah im Rahmen der Geschäftsführung für A. A kann folglich nach 681 S. 2, 667 von B die Übereignung der Karte fordern.

c) Dieser dem A zustehende Anspruch ist **wirksam** und **fällig**.

d) Weitere Voraussetzung eines Zurückbehaltungsrechtes nach § 273 I BGB ist die Konnexität der Ansprüche. **Konnexität liegt vor, wenn die sich gegenüberstehenden Ansprüche einem einheitlichen Lebenssachverhalt entspringen.** Es muss also ein Zusammenhang bestehen, der es als treuwidrig erscheinen lassen würde, wenn ein Anspruch ohne den anderen durchgesetzt werden könnte. Beide Ansprüche, also der Aufwendungsersatzanspruch des B und der Herausgabeanspruch des A haben ihren Ursprung in der Geschäftsführung des B, also im selben Lebenssachverhalt. Sie sind konnex.

A steht folglich ein Zurückbehaltungsrecht nach § 273 I zu. Diese Einrede muss A im **Prozess geltend machen.** Bei lebensnaher Betrachtungsweise wird er dies auch machen, da er ansonsten den Aufwendungsersatz zahlen müsste ohne eine Gegenleistung zu erhalten. Auch wenn A kein Madonna-Fan mehr ist, so kann er wenigstens den wirtschaftlichen Wert der Karte verwerten, indem er diese weiterveräußert.

Ergebnis: B kann von A Ersatz seiner Aufwendungen in Höhe von 300 Euro aus §§ 683 S. 1, 677, 670 verlangen. Falls A die Einrede nach § 273 erhebt, besteht der Anspruch nur Zug um Zug gegen Übereignung der Konzertkarte.

Sachverhalt

Der junge Arzt T produziert in seiner Freizeit Filme mit atemberaubenden Spezialeffekten. Auf dem Weg zum Dreh seines neuesten Streifens „Morpheus VI" sieht er am Straßenrand P, der durch einen Autounfall schwer verletzt wurde und bewusstlos ist. T hält sofort an, holt Verbandsmaterial aus seinem Kofferraum und verarztet P nach den Regeln der ärztlichen Kunst. Aufgrund der instabilen Lage des P beschließt T, diesen in das nächstgelegene Krankenhaus zu fahren. T verlangt von P Ersatz für sein Tätigwerden sowie für das Verbandsmaterial. Zu Recht?

Lösung
Anspruch des T gegen P aus §§ 683 S.1, 677, 670

T könnte gegen P einen Anspruch auf Aufwendungsersatz aus §§ 683 S.1, 677, 670 haben.

1. Dazu müsste eine berechtigte **Geschäftsführung ohne Auftrag** vorliegen.

a) T müsste ein **fremdes Geschäft** geführt haben. Unter Geschäft ist jedes Tätigwerden zu fassen, also auch das Verarzten des P. Fremd ist ein Geschäft, wenn es in den Rechts- und Interessenkreis eines anderen fällt. Vorliegend wäre es die Angelegenheit des P gewesen, dafür Sorge zu tragen, dass er ärztliche Hilfe erhält. Es liegt daher ein objektiv fremdes Geschäft vor.

b) T müsste mit **Fremdgeschäftsführungswillen** gohandelt haben. Bei **auch-fremden Geschäften** (wird bei § 323 c StGB angenommen) wird der Fremdgeschäftsführungswille vermutet. Im vorliegenden Fall liegt er aber auch eindeutig vor, indem T ausschließlich anhält, um P zu helfen.

c) T müsste das Geschäft **ohne Auftrag oder sonstige Berechtigung** geführt haben. P war bewusstlos. Folglich konnte er T keinen Behandlungsauftrag erteilen. Ein Vertrag scheidet somit aus. In Betracht kommt eine sonstige Berechtigung. Diese könnte man daraus ableiten, dass sich T nach § 323 c StGB strafbar gemacht hätte, wenn er nicht eingegriffen hätte. Die Tatsache, dass ein Unterlassen strafrechtlich sanktioniert wird, lässt freilich noch kein zivilrechtliches gesetzliches Rechtsverhältnis entstehen. Folglich handelte T auch ohne sonstige Berechtigung.

d) Die Geschäftsführung müsste dem **tatsächlichen oder mutmaßlichen Willen** und **dem Interesse des Geschäftsherrn**, hier P, entsprechen. Die Verarztung des P liegt in seinem besonderen Interesse. Der tatsächliche Wille des P ist zwar unbekannt, allerdings ist von einem mutmaßlichen Willen dahingehend auszugehen, dass P die ärztliche Versorgung wünscht.

Folglich liegen die Voraussetzungen einer berechtigten Geschäftsführung ohne Auftrag vor.

2. Fraglich ist, **in welchem Umfang eine Ersatzpflicht** des P eintritt. Nach § 670 schuldet der Geschäftsherr Ersatz für die Aufwendungen, die der Geschäftsführer nach den Umständen für erforderlich halten darf.

a) Unproblematisch ist dies hinsichtlich der Kosten für das Verbandsmaterial und der Kosten für die Fahrt zum Krankenhaus.

b) Fraglich ist indes, ob T **auch für seine ärztliche Behandlung eine Vergütung** verlangen kann. Die eingesetzte Arbeitskraft und der entgangene Verdienst werden grundsätzlich von § 670 nicht erfasst, denn die Norm des § 670 steht im Auftragsrecht, und die **Unentgeltlichkeit ist gerade wesentliches Merkmal** des Auftrags. Etwas anderes könnte sich ergeben, wenn die Tätigkeit zum Beruf oder **Gewerbe** des Geschäftsführers gehört. Man könnte an eine analoge Anwendung der Vorschrift des § 1835 III denken. Eine analoge Anwendung setzt eine **planwidrige Regelungslücke** und eine **vergleichbare Interessenlage** voraus. Indem das Recht der GoA keine Vorschriften enthält, die den Umfang der Ersatzpflicht regeln, wenn das übernommene Geschäft zum Beruf oder Gewerbe des Geschäftsführers gehört, liegt eine planwidrige Regelungslücke vor.

Bei einer Geschäftsführung ohne Auftrag wird wie bei einem Dienstvertrag oder Werkvertrag die Arbeitskraft des Geschäftsführers für einen anderen (den Geschäftsherrn oder Vertragspartner) eingesetzt. In diesem Fall stimmt es mit den sich aus §§ 612, 632 BGB ergebenden Grundsätzen überein, **den Arbeitseinsatz mit der für die Berufstätigkeit oder Gewerbetätigkeit üblichen Vergütung zu bewerten**. Insofern besteht eine vergleichbare Interessenlage zwischen § 1835 III und der vorliegenden Konstellation.

T kann daher auch Ersatz für seine ärztliche Behandlungsleistung fordern.

Ergebnis: T hat gegen P einen Anspruch auf Ersatz des Verbandmaterials, der Kosten für die Fahrt zum Krankenhaus sowie seine Behandlungstätigkeit aus §§ 683 S.1, 677, 670.

Weiter erschienen sind im RICHTER-Verlag:

JURISTISCHE GRUNDKURSE (*Richter Skripten*)

zum Zivilrecht - BGB-AT
- BGB Schuldrecht AT
- BGB Schuldrecht BT-1
- BGB Schuldrecht BT-2
- BGB Sachenrecht 1
- BGB Sachenrecht 2
- Familienrecht
- Erbrecht
- Handelsrecht
- Gesellschaftsrecht
- Erste Zivilrechtshausarbeit
- Zivilprozessrecht 1
- Zivilprozessrecht 2

zum Strafrecht
- Strafrecht AT-1
- Strafrecht AT-2
- Strafrecht AT-3
- Strafrecht BT-1
- Strafrecht BT-2
- Erste Strafrechtshausarbeit
- Erste Strafrechtsklausur
- Strafprozessrecht
- Kriminologie / Jugendstrafrecht

zum öffentlichen Recht
- Staatsrecht 1
- Staatsrecht 2
- Verwaltungsrecht 1
- Verwaltungsrecht 2
- Staatshaftungsrecht
- Erste Hausarbeit im Öff.Recht
- Europarecht

zu anderen Rechtsgebieten
- Arbeitsrecht
- Rechtsphilosophie

Zur Vertiefung gibt es auch noch die Reihe:

Streitstände *kompakt*